Fundamentos teóricos e metodológicos das ciências humanas

SÉRIE FORMAÇÃO PEDAGÓGICA

Leandro Jesus Basegio
Renato da Luz Medeiros

Fundamentos teóricos e metodológicos das ciências humanas

EDITORA
intersaberes

Rua Clara Vendramin, 58 . Mossunguê
CEP 81200-170 . Curitiba . PR . Brasil
Fone: (41) 2106-4170
www.intersaberes.com
editora@editoraintersaberes.com.br

Conselho editorial
Dr. Ivo José Both (presidente)
Dr.ª Elena Godoy
Dr. Nelson Luís Dias
Dr. Neri dos Santos
Dr. Ulf Gregor Baranow

Editora-chefe
Lindsay Azambuja

Supervisora editorial
Ariadne Nunes Wenger

Analista editorial
Ariel Martins

Projeto gráfico
Raphael Bernadelli

Capa
Adoro Design

1ª edição, 2013.

Foi feito o depósito legal.

Informamos que é de inteira responsabilidade dos autores a emissão de conceitos.

Nenhuma parte desta publicação poderá ser reproduzida por qualquer meio ou forma sem a prévia autorização da Editora InterSaberes.

A violação dos direitos autorais é crime estabelecido na Lei nº 9.610/1998 e punido pelo art. 184 do Código Penal.

Dados Internacionais de Catalogação na Publicação (CIP)
(Câmara Brasileira do Livro, SP, Brasil)

Basegio, Leandro Jesus
 Fundamentos teóricos e metodológicos das ciências humanas/Leandro Jesus Basegio, Renato da Luz Medeiros. – Curitiba: InterSaberes, 2013. – (Série Formação Pedagógica).

 Bibliografia
 ISBN 978-85-8212-483-3

 1. Ciências socias – Filosofia I. Medeiros, Renato da Luz. II. Título. III. Série.

12-09041   CDD-300.1

Índices para catálogo sistemático:
 1. Ciências sociais: Filosofia 300.1

Sumário

Apresentação, IX

(1)   As ciências humanas e seu papel
        dentro do ambiente escolar, 13
     1.1   As ciências humanas e o ensino escolar, 16
     1.2   Por onde começar?, 18
     1.3   Como trabalhar com o estudo do meio, 21
     1.4   Sugestões de atividades, 22

(2)   Concepções sobre o ensino de História, 33

(3) Concepções sobre o ensino de Geografia, 49

    3.1 Breve panorama do desenvolvimento da geografia, 53

    3.2 A geografia como instrumento para a construção da cidadania, 59

    3.3 Principais objetivos do estudo da geografia nas etapas iniciais da escolarização, 61

(4) A noção de tempo, 69

    4.1 Os estágios do desenvolvimento cognitivo e a noção de tempo, 72

    4.2 Como trabalhar a noção de tempo, 76

    4.3 Sugestões de atividades, 80

(5) A noção de espaço no ensino de História e Geografia, 89

    5.1 A noção de espaço e o desenvolvimento cognitivo da criança, 92

    5.2 O espaço como construção social, 94

    5.3 Como trabalhar a noção de espaço?, 98

(6) As disciplinas de História e Geografia e a construção da realidade social, 107

    6.1 A construção da realidade social, 111

    6.2 A construção da realidade e o conhecimento escolar: os casos da História e da Geografia, 114

(7) As ciências humanas e a construção da cidadania, 127

    7.1 Breve histórico sobre a democracia, 130

    7.2 Os pressupostos da democracia, 131

    7.3 A escola e a construção da cidadania, 132

    7.4 A mediação do professor para a construção da cidadania, 135

(8) As ciências humanas e a construção da identidade, 141

    8.1 A sociedade e a construção da identidade, 146

    8.2 Identidade, cultura e representações sociais, 150

    8.3 Cultura local e construção da identidade, 154

(9) Resgate e valorização das culturas locais e dos saberes informais, 161

    9.1 Distinções necessárias, 166

    9.2 Cultura local: os saberes informais como fonte para o conhecimento, 170

    9.3 A perspectiva interacionista de Vigotski e a valorização dos saberes informais, 172

    9.4 A ressignificação dos conteúdos: uma proposta a ser empregada, 174

(10) Retomando os principais pontos, 183

    10.1 As ciências humanas, 186

    10.2 A neutralidade do conhecimento social, 189

    10.3 A História e a Geografia, 190

    10.4 Cultura local, saberes informais e construção da identidade, 192

    10.5 Um último ponto: a avaliação, 194

Considerações finais, 199

Referências, 201

Gabarito, 203

Apresentação

Em vários anos de prática de sala de aula, temos percebido o quão importante é trabalhar com os temas que fazem parte das ciências humanas nas primeiras etapas da educação formal, uma vez que os conteúdos que formam esse campo do conhecimento estão presentes em nosso dia a dia.

Embora as ciências humanas façam parte de nosso cotidiano, nem sempre é fácil refletir sobre os fenômenos que constituem a nossa realidade. O mundo é algo complexo e analisá-lo com base no nosso próprio meio social talvez seja o melhor caminho para conseguir estabelecer relações mais amplas com a sociedade. Entendendo nosso bairro, nossa comunidade, nossa região, adquirimos competências para agir sobre esses meios e transformá-los, em busca de maior justiça social. Apenas por meio da compreensão e da reflexão sobre o mundo que nos cerca é que nos tornamos cidadãos, ou seja, sujeitos de ações, que compreendem e transformam a realidade.

É nas primeiras etapas da educação que o processo de leitura e interpretação do mundo deve ser iniciado. Todas as crianças, ao chegarem à escola, trazem consigo uma série de conhecimentos, os quais foram adquiridos na interação com os membros de seus círculos sociais primários.

Contudo, muitas vezes, a realidade, na forma como é percebida pela criança, parece estar pronta ou é entendida como algo natural e não como fruto de uma construção social, modo como acreditamos que deve ser compreendida.

O mundo que nos rodeia é uma construção social, isto é, constitui-se do resultado de ações dos indivíduos e dos grupos sociais que interagem e buscam afirmar suas posições e representações diariamente.

Compreender isso é libertar-se, tornar-se um agente da história, é sentir-se como alguém que não apenas faz parte de um tempo e de um lugar, mas que atua para construir o próprio tempo e espaço do qual faz parte.

Ao longo desta obra, pretendemos desenvolver algumas noções básicas a respeito dos temas relacionados às ciências humanas, os quais, assim acreditamos, devem fazer parte dos currículos escolares já nas primeiras etapas da educação formal.

Trazer para dentro da sala de aula esse debate é uma tentativa de fazer com que o aluno construa, por si mesmo e com base em suas experiências cotidianas, suas próprias noções de tempo, espaço e realidade social.

Acreditamos que, com a construção mais apurada dessas percepções, nossos educandos conseguirão se desenvolver como sujeitos ativos e criativos na busca por uma sociedade mais justa e igualitária, que, para ser conquistada, depende apenas da ação dos homens.

(1)

As ciências humanas e seu papel
dentro do ambiente escolar

Leandro Jesus Basegio é graduado em História pela Universidade Federal do Rio Grande do Sul (UFRGS), especialista na área da educação pelo Centro Universitário Unilasalle (Canoas/RS) e mestre em Sociologia pela UFRGS.

Renato da Luz Medeiros é graduado em História pelas Faculdades Porto-Alegrenses (Fapa) e mestre em Geografia pela UFRGS.

Leandro Jesus Basegio
Renato da Luz Medeiros

A escola infantil e os primeiros anos do ensino fundamental possuem uma forte característica comum: em ambas as etapas, muitas crianças estão estabelecendo, pela primeira vez, contatos mais amplos com a sociedade, ou seja, estão ultrapassando os limites do seu grupo familiar e da sua vizinhança.

Logo, é nesse período que a criança desenvolve o instrumental necessário para agir no mundo de forma competente, ativa e consciente.

Assim, a área das ciências humanas tem um importante papel a cumprir no que diz respeito a esses níveis da educação básica, pois é por meio dos temas que desenvolve que a criança vai construindo conhecimentos acerca da organização social, política, econômica e cultural do mundo que a rodeia e do qual faz parte.

Trabalhar com assuntos tão complexos e que exigem um alto grau de abstração e criticidade não é fácil para nenhum professor. Porém, essa tarefa é ainda mais difícil de ser realizada com a devida eficiência nos primeiros níveis da educação formal (escola infantil e séries iniciais do ensino fundamental).

Diante disso, neste capítulo, sugerindo atividades que podem ser desenvolvidas com alunos que se encontram nos níveis educacionais referidos anteriormente, procuraremos apresentar algumas definições sobre as ciências humanas e demonstrar a importância que essa área do conhecimento ocupa nos currículos escolares.

(1.1)
As ciências humanas e o ensino escolar

Nos primeiros anos da educação formal, as ciências humanas têm se resumido às disciplinas de História e Geografia.

Sob o nome de *Estudos Sociais*, ou cada uma sob seu próprio nome, em geral, os conteúdos dessas matérias são abordados de forma fragmentada, configurando-se muito mais como uma coleção de fatos e dados, que são meramente apresentados aos educandos, do que como uma construção de conhecimentos acerca do mundo que os rodeia, dentro de um campo de significados que permite desenvolver competências para atuar nesse mundo complexo de forma eficiente, autônoma e crítica.

Para superar essas dificuldades e desenvolver um trabalho significativo com os alunos, é fundamental que, primeiro, examinemos a que se referem as ciências humanas.

As ciências humanas

As ciências humanas (ou ciências Sociais) englobam várias áreas de conhecimento, (tais como história, geografia, sociologia, antropologia, filosofia, política, economia e cultura), sendo que cada uma delas apresenta inúmeras subáreas que abordam temas específicos.

As pesquisas desenvolvidas nesses campos visam compreender como funciona(m) a(s) sociedade(s) – de que modo a realidade é construída e reconstruída, considerando o passar do tempo e todas as alterações que ocorrem nos espaços em que vivemos –, buscando compreender como os homens se relacionam entre si e com a natureza e como essas múltiplas relações influenciam e condicionam nossa vida cotidiana.

Partindo desse princípio, as ciências humanas encontram-se, no nosso dia a dia, e, para que a criança possa ter uma boa compreensão de seus temas, três conceitos são fundamentais: *grupo, espaço e tempo*. É o que nos aponta Callai (1999):

> *Estudos Sociais é o próprio cotidiano escolar, pois é principalmente na escola (mas não apenas nela, na vida toda) que o aluno tem um* GRUPO *com o qual trabalha, brinca e realiza as atividades, em um determinado* ESPAÇO *que é a própria sala de aula, o pátio da escola, o bairro, a casa onde mora, etc. e num determinado* TEMPO, *que é o período de aula dentro do horário diário e que é o tempo de sua idade – 6, 7, 8 e 9 anos.*

A vivência diária desses três conceitos, na prática, tem que ser teorizada, discutida, criticada, pois são as relações sociais que o aluno realiza.

(1.2)
Por onde começar?

Para trabalhar os temas ligados às ciências humanas, nada melhor que partir da realidade concreta de nossos alunos, do meio em que vivem e das inúmeras relações que são estabelecidas com esse meio. Contudo, cabe aqui uma ressalva: essa proposta não significa um reducionismo ao regional, ao imediato e contemporâneo, pois isso também seria fragmentar a realidade e descontextualizá-la.

Esse é um cuidado que todo educador deve ter, uma vez que é comum, na grande maioria de nossas escolas, que os conteúdos das ciências humanas, nos currículos das etapas iniciais do processo educativo, já busquem privilegiar os temas locais.

Nossa observação parte do princípio de que o local e o contemporâneo devem ser compreendidos em suas múltiplas relações com o todo, tanto com o todo local como com o que é composto de forma mais ampla pela sociedade. Não basta desenvolver uma atividade sobre a família da criança, para que ela se identifique dentro de seu grupo familiar; é preciso levá-la a compreender o local onde está sua família; o tempo em que vive; por que essa família está ali; o que seus parentes e amigos fazem; onde vivem e como vivem; onde trabalham e como trabalham; por que se divertem de uma maneira e não de outra; por que gostam de determinado gênero musical ou de determinado programa de TV.

Trata-se de fazer com que o aluno aprenda a reconhecer a rede de relações sociais em que está inserido, ou seja, a perceber que os papéis e as posições que os indivíduos ocupam na sociedade não são casuais, mas que possuem uma trajetória, a qual é definida pela relação entre espaço e tempo e pelas circunstâncias sociais nas quais os indivíduos se encontram.

Com base nisso, busca-se trazer ao educando a compreensão do que é o outro, o que é o diferente e o que é a mudança. Novamente Callai (1999) nos ajuda:

> *Para alcançar estes objetivos, o trabalho a partir da vida do aluno é o caminho mais coerente, entendendo por que sua vida é assim como se apresenta, como é o meio em que vive, como é sua história. Mas aí deve-se ter cuidado para não enaltecer demais a própria individualidade, pois ninguém vive sozinho no mundo, pelo contrário, a própria vida é o resultado de uma construção socializada e socialmente distribuída, embora isso não signifique igualdade na prática do dia a dia.*

Assim, ao começar pelo contexto, pelo que chamamos de *concreto vivido* dos alunos, devemos ter o cuidado de não colocar isso como um fim em si mesmo.

O trabalho não pode ser apenas reconhecer o LOCAL e o TEMPO em que a criança vive, pois isso, de certa forma, não passaria de mera descrição descontextualizada e acrítica. É preciso problematizar esse meio, vê-lo de maneira relacional, ou seja, em relação a si e a outros meios, em suas múltiplas formas e facetas.

O estudo do meio

Partindo do princípio de que o conhecimento se constrói mediante as relações e interações que estabelecemos com objetos, pessoas e demais organismos que estão a nossa volta, vemos que, desde nosso nascimento, estamos construindo conhecimento.

Obviamente, a cada etapa de nosso desenvolvimento, temos diferentes formas de nos relacionar com o meio. Assim, é fundamental que o educador entenda quais são as fases do desenvolvimento infantil. Vejamos o quadro a seguir:

Quadro 1.1 – Fases do desenvolvimento cognitivo

Período	Faixas etárias (aproximadamente)
Sensório-motor	Do nascimento até 1 ano e meio a 2 anos
Pré-operatório	De 2 anos a 6 ou 7 anos
Operatório-concreto	De 6 ou 7 anos a 11 ou 12 anos
Operatório-formal	De 11 ou 12 anos até a idade adulta

Fonte: Borges, 1987.

Outro aspecto que também é importante é o fato de que, à medida que a criança cresce, seu meio vai se ampliando, pois ela passa a estabelecer outras relações sociais e a frequentar outros lugares, em suma, ela vai se relacionando com novos meios.

Como nos demonstra Nidelcoff (1995, p. 10-11), a própria compreensão do que é o meio vai se transformando com o desenvolvimento da criança:

- *No início, é apenas um abrir-se ao meio: aproximar-se afetivamente do mesmo, vivendo-o, descobrindo coisas e experimentando-as...*

- Em seguida já se trata de observar o meio, aprendendo a vê-lo, aprendendo a descobri-lo...
- E finalmente, o mais importante: explicar as características do meio ou certos fenômenos ou fatos que nele se passam; compará-lo com outros meios iguais e diferentes; analisar causas e consequências [...].

Ao conhecer melhor seu meio, a criança aprende também a compreender outros meios, que estão mais distantes dela nas dimensões de espaço e tempo.

A medida que reflete sobre seu próprio meio e as múltiplas relações que este estabelece, a criança DESNATURALIZA aquilo que lhe é dado como realidade, ou seja, deixa de perceber o mundo como pronto e acabado e passa a entendê-lo como o resultado de uma construção social, a qual se dá à custa de inúmeros fatores e determinações.

Nisso consiste nossa insistência em apontar a necessidade de se trabalhar com o meio de maneira relacional em lugar de apenas descrevê-lo.

(1.3) Como trabalhar com o estudo do meio

O ESTUDO DO MEIO pode ser feito em qualquer etapa do processo educativo, obviamente, respeitando-se a fase de desenvolvimento cognitivo em que a criança se encontra. Portanto, o planejamento das atividades a serem desenvolvidas é fundamental –, o que, na verdade, pode ser considerado regra para qualquer trabalho a ser realizado no campo da educação.

O estudo do meio pode ser parcial ou integral. Normalmente, os estudos integrais são recomendados para crianças em uma faixa etária mais avançada, em geral, àquelas que cursam as séries finais do ensino fundamental.

No estudo parcial, são abordados aspectos ou problemas específicos que os alunos encontram em seus meios. Nesse sentido, mesmo os aspectos mais simples podem ser questionados e tomados como foco das atividades.

Vejamos agora dois exemplos de atividades que podem ser desenvolvidas nos níveis da educação infantil e das séries iniciais.

(1.4)
Sugestões de atividades

As atividades que iremos propor a seguir devem ser entendidas como sugestões. Em outras palavras, não é necessário que sejam seguidas à risca pelo futuro professor; são apenas uma base, com a qual você poderá começar a trabalhar algumas noções fundamentais no campo das ciências humanas com crianças que se encontram nas primeiras etapas do processo de escolarização. Nosso objetivo não é fornecer receitas, mas sugerir um caminho.

Sugestão 1 – Passeio pelo bairro

a) Organize os aspectos práticos:
- decida como o passeio será realizado (a pé, de ônibus etc.);
- enumere os materiais que serão utilizados (bloco de notas, máquina fotográfica, gravador – para o caso de entrevistas com pessoas que moram ou trabalham na região – etc.);
- estabeleça o tempo de duração do passeio;
- peça autorização aos pais dos aluno.

b) Planeje o passeio junto com a turma:
- comece questionando sobre o que seus alunos conhecem a respeito do bairro, pois, nesse momento, poderão surgir muitas questões para o aprofundamento do trabalho;
- com base nesse levantamento, poderá ser traçado (sempre em conjunto com as crianças e de acordo com a curiosidade delas) o trajeto que a turma irá percorrer.
- utilize um mapa do bairro para traçar o trajeto que será percorrido (você poderá utilizar mapas de listas telefônicas);
- oriente seus alunos a registrar todos os pontos que chamarem a atenção deles.

c) Trabalhe em aula:
- pergunte a seus alunos o que mais lhes chamou atenção durante o passeio e vá montando um painel com os depoimentos;
- questione-os a respeito da distribuição das moradias no bairro (por exemplo: Todas as moradias são iguais? Há casas maiores e melhores que outras? Em alguma região do bairro, há uma concentração de casas mais humildes ou mais confortáveis?);

- pergunte sobre quais são as atividades econômicas que existem no bairro (comércio, indústria, agricultura) e onde se concentram;
- questione sobre quais são as profissões que existem na economia do bairro;
- pergunte sobre como é o trânsito no bairro;
- indague-os sobre que igrejas ou templos religiosos existem no bairro e onde se localizam;
- pergunte se há monumentos, quais são e o que representam;
- questione-os sobre os espaços de lazer que existem no bairro;
- peça que marquem no mapa onde se encontram os principais pontos de referência do bairro (aqui já é possível desenvolver a lógica do trabalho com mapas; peça para que seus alunos criem símbolos que representem pontos de referência);
- peça para que criem seu próprio mapa do bairro, assinalando pontos de referência como: a escola, o local de suas moradias, as áreas de lazer.

Com base nesse tipo de atividade, uma série de questões podem surgir em uma conversa final, momento em que os educandos devem ser motivados a expressarem suas impressões a respeito do que foi verificado. Por exemplo, será possível levantar questões a respeito das moradias – o que oferece a oportunidade para mostrar que a distribuição delas no espaço e a arquitetura que apresentam expressam um significado histórico e social. O mesmo ocorre com os espaços de lazer, as atividades econômicas, as profissões e as religiões.

Temas como o meio ambiente e a ecologia também podem ser explorados por meio dessa atividade, levando os alunos a perceberem como os indivíduos se relacionam, entre si e com a natureza.

Questões referentes à água, ao esgoto, ao desmatamento, ao lixo e à preservação ambiental também podem derivar desse trabalho de observação do local onde os educandos moram.

A história da ocupação do bairro apresenta uma série de informações e dados para suscitar um bom debate (Por que o bairro começou a ser ocupado? Quando foi isso? Quem foi viver lá? Por que foi? O que existia ali antes da ocupação?). Basta que o educador exercite a criatividade.

De acordo com Nidelcoff (1995, p. 11), o objetivo desse tipo de trabalho é despertar no aluno o questionamento e a curiosidade sobre o meio que o cerca, aprendendo a ver e a analisar a realidade, observando de maneira crítica seu próprio meio.

Sugestão 2 – Explorando a escola

a) Escolha um local da escola para fazer uma visita com seus alunos, por exemplo, a cozinha e o refeitório.

b) Leve a turma até a cozinha e, tomando as medidas de segurança necessárias, deixe os alunos explorarem livremente o local e conversarem com as pessoas que ali trabalham para que observem tudo o que for possível durante a visita, como, por exemplo, os seguintes aspectos:
- como os funcionários do local trabalham;
- que tipo de atividades exercem;
- como dividem suas tarefas;
- que materiais utilizam;
- a que se destina o trabalho que realizam;
- como o espaço está organizado.

c) Retornando à sala, questione seus alunos sobre o que puderam observar e proponha algumas observações mais específicas, tais como:

- Quem e quantas são as pessoas que trabalham na cozinha?
- O que faz cada uma delas?
- Como preparam os alimentos que servem aos alunos?
- Quem consome esses alimentos?
- Onde os alimentos preparados na cozinha da escola são produzidos?
- Como esses alimentos são produzidos?
- Como os alimentos chegam até a escola?
- Quem elabora o cardápio?

d) Com base nas informações obtidas, é possível realizar uma série de atividades, principalmente relacionadas às questões de Geografia (espaço, divisão do trabalho, produção), mas também pode-se realizar uma interface com outros campos do conhecimento, por exemplo, as questões da saúde relacionadas à alimentação.

Vejamos:

- Em um mapa de seu estado, localize a cidade em que se encontram a escola e as cidades nas quais os alimentos são produzidos[a].

---

a. Essa atividade requer que o educador faça um trabalho prévio de levantamento a respeito da distribuição da produção agrícola no seu estado, o que pode ser realizado mediante as embalagens dos produtos consumidos na merenda escolar, os quais indicam o local onde foram produzidos. É possível também apresentar alguma noção inicial a respeito da globalização, pois é comum que muitos dos produtos industrializados sejam provenientes de regiões muito distantes e, até mesmo, de outros países.

- Diferencie para seus alunos o que é produto agrícola e o que é produto industrializado.
- O tema da indústria oferece uma grande gama de assuntos, principalmente questões relacionadas à produção e à divisão do trabalho. Vejamos o exemplo a seguir: Experimente, em sala de aula, a seguinte atividade: formando dois grupos de alunos, pegue folhas de jornal ou revista; no Grupo 1, cada aluno deverá executar individualmente uma dobradura simples, com três ou quatro movimentos; no Grupo 2, a mesma dobradura será realizada, porém cada movimento da dobradura ficará a cargo de um dos alunos, reproduzindo assim em pequena escala, as etapas da divisão do trabalho que apresenta uma indústria. As diferenças entre o sistema de trabalho artesanal[b] e o industrializado podem ser discutidas com base nessa brincadeira.

É importante deixar claro que esta atividade não é uma competição entre quem produz mais dobraduras, mas uma análise sobre como cada sistema de trabalho executa suas tarefas e as possíveis relações que podem ser observadas.

Vários objetivos podem ser apontados para essa atividade, tais como: desenvolver o sentido de cooperação;

---

b. O trabalho artesanal é aqui entendido como aquele que é inteiramente realizado por um trabalhador, ou seja, o mesmo trabalhador executa todas as etapas da produção, não havendo uma divisão de tarefas entre vários indivíduos para a confecção de um produto, pois a divisão do trabalho é típica do sistema manufatureiro e industrial. Essa distinção é importante porque, atualmente, a expressão *produto artesanal* aparece sob a conotação de produto de trabalho manual, decorativo ou funcional, típico da cultura de uma região.

possibilitar que a criança desenvolva o movimento de descentração, mostrando as relações de interdependência que possui com os demais indivíduos a sua volta; compreender o processo produtivo e que os produtos que utilizamos no nosso cotidiano são frutos do trabalho humano e, como tais, possuem um significado social.

e) Este tipo de atividade pode ser realizada com crianças menores, da educação infantil. Nesse caso, é importante que os alunos desenvolvam noções sobre o espaço e sua organização. Logo, é interessante confeccionar com as crianças uma planta da escola, localizando nela os locais visitados (por exemplo, a cozinha).

- Os locais (cozinha, biblioteca, sala de informática, sala de vídeo, quadra poliesportiva etc.) receberão símbolos que expressam sua função ou característica.
- Procure analisar, com as crianças, o espaço de maneira relacional (relações topológicas, relações projetivas e relações euclidianas), questionando-as sobre o que está mais perto de sua sala de aula (A sala de informática? A cozinha? A biblioteca?) ou sobre o que há à direita/à esquerda.

(.)
Ponto final

Lembre-se:

- As ciências humanas, ou ciências sociais, buscam construir conhecimentos acerca da organização social, política, econômica e cultural do mundo e das relações dos indivíduos (entre si e com a natureza) as quais aparecem de diferentes formas ao longo do tempo e em vários espaços.
- Englobam diversas áreas de conhecimento, como a história, a geografia, a sociologia, a antropologia, a filosofia, a política, a economia e a cultura.
- Visam compreender como a(s) sociedade(s) funciona(m), – de que modo a realidade é construída e reconstruída, considerando o passar do tempo e todas as alterações que ocorrem nos espaços em que vivemos.
- Para trabalhar esses temas, nada melhor que partir da realidade concreta de nossos alunos, do meio em que vivem e das múltiplas relações que estabelecem com ele.
- Trabalhar com base na realidade dos alunos não significa reduzir a reflexão ao regional, ao imediato e ao contemporâneo, pois isso também seria fragmentar a realidade e descontextualizá-la.
- O conhecimento se constrói mediante as interações que estabelecemos com objetos, pessoas e diversos organismos a nossa volta, ou seja, na interação com o meio.
- A cada etapa do desenvolvimento, temos formas diferentes de nos relacionarmos com o meio.

- É preciso problematizar o meio, vê-lo de maneira relacional, isto é, em relação a si e a outros meios.
- Os elementos que compõem o meio expressam um significado histórico e social.

É fundamental que o futuro professor perceba que as ciências humanas estão presentes no dia a dia e que trabalhar esses conteúdos de forma significativa com os alunos promove que tenham uma formação sólida como cidadãos.

Atividades

1. O objetivo da área de ciências humanas, no que se refere ao trabalho com as primeiras etapas da educação formal (educação infantil e séries iniciais), é:
    a. informar as crianças sobre fatos do passado e repassar dados a respeito dos fenômenos geográficos.
    b. promover na criança a construção e o desenvolvimento de conhecimentos a respeito de seu meio e da sociedade na qual está inserida, possibilitando assim o seu desenvolvimento como cidadã.
    c. ofertar às crianças noções básicas a respeito dos conteúdos de História e Geografia.
    d. oferecer aos alunos conhecimentos a respeito dos aspectos biológicos da vida humana em sociedade.

2. Para desenvolver, nas primeiras etapas da educação formal, os temas ligados às ciências humanas é recomendável que o professor comece:
    a. pela análise dos problemas socioeconômicos globais, para, com base nisso fazer a ligação com os problemas que se apresentam no meio em que a criança vive.

b. pela transmissão de conhecimentos a respeito das estruturas que compõem a sociedade, para que assim a criança possa se localizar no meio social em que vive.

c. pela observação e análise do meio em que a criança vive e de suas relações sociais cotidianas, buscando que o aluno desenvolva a capacidade de estabelecer relações e construir conhecimentos a respeito de como se organiza e estrutura, de forma mais ampla, a sociedade.

d. pelo reconhecimento de conceitos abstratos, como espaço, tempo histórico, sociedade, visando a que a criança decore os significados desses conceitos.

3. Sobre os "estudos do meio", é correto afirmar que:
   a. somente podem ser desenvolvidos com crianças maiores, ou seja, que estejam cursando as séries finais do ensino fundamental.
   b. trabalhar com esses estudos significa fazer com que a criança consiga descrever tudo o que está presente no meio em que vive.
   c. só podem ser desenvolvidos depois do período operatório-concreto do desenvolvimento cognitivo.
   d. um dos objetivos de se trabalhar com eles corresponde ao fato de que, quando a criança constrói conhecimentos sobre o seu próprio meio, aprende também a compreender outros meios, mais distantes de si, nas dimensões de espaço e tempo.

(2)

Concepções sobre
o ensino de História

Leandro Jesus Basegio
Renato da Luz Medeiros

A disciplina de História pode ser ministrada fundamentando-se em concepções muito distintas, variando de acordo com a visão de mundo do professor e com o entendimento ideológico, político, econômico, cultural e social que este possui sobre o contexto que o cerca.

Os indivíduos, desde o nascimento, são envolvidos por uma série de conceitos, valores, normas e concepções ideológicas, filosóficas e políticas, e isso é algo inevitável a todos. Mesmo aqueles que vivem de maneira simples e sem muitos recursos não escapam às ações que o contexto social lhes impõe. Não há como eximir-se de ser político e/ou isentar-se por meio de um "manto mágico" da imparcialidade.

Dessa forma, todos os autores, professores e pesquisadores, principalmente os vinculados às ciências humanas, carregam consigo uma grande carga político-ideológica, e é justamente por causa disso que a disciplina de História pode ter diferentes enfoques, fundamentações e concepções; o educador sempre irá adequar os conteúdos a serem ministrados ao seu entendimento, à maneira que melhor se enquadra na forma como este percebe o mundo e a sociedade.

Alguém poderá questionar, ao ler o que acabamos de expor, se isso é negativo para o ensino de História. A resposta é: NÃO. A todo momento, estamos selecionando, recortando e adaptando conteúdos, textos, falas, gestos e uma série de outros elementos do nosso cotidiano. Esse é um processo natural que faz parte da construção do conhecimento e do aprendizado.

É muito natural que estabeleçamos a configuração dos conteúdos de acordo com os valores nos quais acreditamos. Do contrário, estaríamos sendo falsos e/ou hipócritas, o que, sem dúvida alguma, seria muito nocivo e prejudicial para a educação e para os próprios professores, uma vez que, quando vamos contra nossos próprios princípios, acabamos com um grande mal-estar que nos impõe aflição e insatisfação profissional e pessoal. É o que nos diz Max Weber (2006, p. 59), um dos pais da sociologia:

> *Disso resulta que todo o conhecimento da realidade cultural é sempre um conhecimento subordinado a pontos de vista especificamente particulares. Quando exigimos do historiador ou do sociólogo a premissa elementar de saber distinguir entre o essencial e o secundário, de possuir para esse fim os*

"pontos de vista" necessários, queremos unicamente dizer que ele deverá saber referir – consciente ou inconscientemente – os elementos da realidade a *"valores culturais"* universais e destacar aquelas conexões que para nós se revistam de significado. E se é a frequente opinião de que tais pontos de vista poderão ser *"deduzidos da matéria"*, isso apenas se deve à ingênua ilusão do especialista que não se dá conta de que – desde o início e em virtude das ideias de valor com que inconscientemente abordou o tema – destacou da imensidade absoluta um fragmento ínfimo, e particularmente AQUELE cujo exame lhe IMPORTA.

Dessa forma, os textos sempre trazem consigo (implicitamente e, algumas vezes, explicitamente) uma grande carga ideológica, política e emocional do autor que os produziu.

Os autores sempre transmitem suas concepções e visões de mundo. Contudo, como já mencionamos, isso nem sempre é aparente ou de fácil visualização; na maioria das vezes, a subjetividade do autor está oculta por expedientes que não permitem identificá-la de imediato. Esses aspectos subjetivos são, em suma, os pressupostos[a] com os quais o autor trabalha.

O leitor precisa ter uma bagagem mínima de conhecimento, mas, mais do que isso, deve estar atento e procurar o que nem sempre está dito de forma clara no texto, ou seja, buscar entender o pressuposto com o qual o autor trabalha.

Para tanto, é necessário que se faça mais de uma leitura, pois a primeira serve apenas como contato entre o

---

a. Por *pressuposto* entendemos aquilo que não é dito explicitamente no texto ou na fala de alguém, mas que é aceito e que se configura na base com a qual um indivíduo organiza seu raciocínio, explicação ou interpretação a respeito de determinado aspecto da realidade.

texto e o leitor. Assim, é na segunda e, muitas vezes, na terceira apreciação de um texto que os leitores perceberão e identificarão os interesses particulares, as concepções ideológicas e políticas que estão por trás da fala apresentada pelo autor e que, em última instância, é transmitida ao leitor como sendo verdades formuladas pelo próprio leitor.

Cabe destacar que se torna indispensável ao leitor, para melhor compreender a obra que está lendo e estudando e saber a origem do autor que a produziu. Onde esse autor nasceu e viveu a maior parte do tempo? Onde estudou? Qual sua formação? Em que trabalha ou trabalhou? Para quem trabalha ou trabalhou? A que grupo social pertence ou está ligado? A qual religião está vinculado? Qual sua concepção ideológica?

Essas perguntas, entre outras, são de grande valia para que o leitor, professor ou pesquisador possa conhecer melhor o autor, a obra e, principalmente, para que possa realizar uma leitura mais profunda e reveladora das mensagens e ideias que nem sempre estão expostas de forma clara nos textos. Weber (2006, p. 53-54) nos ajuda novamente:

> *A tentativa de um conhecimento da realidade "livre de pressupostos" apenas conseguiria produzir um caos de "juízos existenciais" acerca de inúmeras percepções particulares. [...] Este caos só pode ser ordenado pela circunstância de que, em qualquer caso, unicamente um* SEGMENTO *da realidade individual possui interesse e significado para nós, posto que ele se encontra em relação com as ideias de valores* CULTURAIS *com que abordamos a realidade. Portanto, só alguns* ASPECTOS *dos fenômenos particulares infinitamente diversos, e precisamente aqueles a que conferimos uma* SIGNIFICAÇÃO GERAL

PARA A CULTURA, *merecem ser conhecidos, pois apenas eles são objetos de uma explicação causal.*

Portanto, é importante que o professor esteja certo de suas convicções políticas e ideológicas e, acima de tudo, do que ele pretende que os alunos construam como conhecimento. Isso será de vital importância, pois é fundamentado nisso que fará a seleção dos conteúdos a serem ministrados e que norteará todo o trabalho educacional e sua prática docente.

É fundamental que o professor que trabalha com crianças do ensino fundamental, principalmente das séries iniciais, observe a bagagem cultural e social que estas trazem do meio em que vivem. Os alunos, certamente, trarão uma gama de conhecimentos transmitidos pelos pais e demais familiares com quem convivem.

É preciso ter em mente que somos um produto inacabado, em todos os sentidos, e que é justamente essa imperfeição que nos faz diferentes, em todos os sentidos. Esse entendimento é básico, pois há de se ter como premissa o fato de que os indivíduos estão em constante transformação.

Um exercício interessante de se realizar com crianças (e mesmo com adultos), em aulas de História ou de Geografia, é propor uma análise ou um debate a respeito de alguns temas, tais como: vida, morte, amizade, sexualidade, namoro, casamento, religiosidade, relações de parentesco e felicidade.

Esse trabalho é muito enriquecedor e possibilita ao docente observar a maneira como os alunos reagem a esses temas e, principalmente, o entendimento que cada um possui acerca de suas vivências, do mundo e da sociedade – de acordo com o que lhe foi transmitido por seus próprios pais e pela sociedade.

Cada indivíduo encara esses dilemas sociais e culturais do cotidiano diversamente; mesmo aquele mais desprovido de conhecimento formal possui um entendimento e um conceito, pré-elaborado o qual foi construído e é transformado diariamente pelo meio social ao qual pertence.

Outro enfoque que, certamente, pode ser de grande ajuda para o professor de História é estabelecer ligação entre os conteúdos e a realidade dos alunos. O professor pode propor alguns questionamentos para que os educandos reflitam e discutam em sala de aula, tais como: Por qual motivo os indivíduos buscam o reconhecimento, o sucesso profissional, o prestígio, a aceitação de seus semelhantes, o amor, a riqueza material, a fama e o prazer? Por qual razão os indivíduos lutam a vida inteira para conquistar e/ou obter felicidade?

Essas perguntas possuem inúmeras respostas e dependem de uma série de fatores e valores, como: grau de instrução; concepção filosófica; orientação ideológica, religiosa e político-cultural; condição financeira; entre outras, que podem ser preponderantes na articulação de uma resposta, que será diferente para cada pessoa.

O professor deve ter em mente, de modo muito claro, que não existe resposta errada, tampouco uma mais certa do que a outra, para esses questionamentos. O educador deve propiciar o debate entre os alunos sem, contudo, impor sua forma de pensar e, ao mesmo tempo, evitar que um aluno ou determinado grupo imponha seu ponto de vista sobre os demais.

Os educandos devem construir o próprio conhecimento e o professor deve viabilizar os meios e os recursos, ou seja, o suporte teórico e prático para que formulem suas próprias concepções no processo de ensino-aprendizagem.

Segundo Nidelcoff (1985, p. 82), é necessário

que as crianças sozinhas comecem a se interrogar e a procurar por si mesmas essa vinculação; que a ação do professor seja um levantar problemas, mais que um fornecer respostas incontestáveis: que as crianças pensem, relacionem fatos, procurem consequências, discutam, tentem tirar conclusões e achem diferentes respostas para um problema.

Certamente, conforme já foi mencionado, essa construção do conhecimento será balizada pelo meio no qual os alunos estão inseridos e pela bagagem de informações que carregam e que foi adquirida em sua vivência no seio familiar e no cotidiano social com o qual interagem. Entretanto, isso não significa que essas concepções sejam absolutas e não possam sofrer alterações ao longo do tempo e do espaço.

Todos os indivíduos são diferentes, por mais semelhantes que possam parecer. Esse é o grande dilema de nossa existência, pois a sociedade onde vivemos tende à planificação, à uniformização e/ou à padronização da conduta humana e, por fim, da própria essência humana, sendo este um dos efeitos perversos do PROCESSO DE GLOBALIZAÇÃO.

A padronização é exercida em todos os lugares, no Ocidente ou no Oriente, e em todas as culturas, embora possa exercer maior pressão em algumas regiões do que em outras.

É exatamente nesse ponto que encontramos um dilema, pois, uma vez que somos, por essência, diferentes, há sempre algum tipo de conflito que aflige a vida de todos nós, pois é algo constante e está presente 24 horas por dia, não há folga, nem em finais de semana; mesmo quando estamos dormindo e sonhando, os conflitos são atuantes, pois agem em nossos sonhos, abrangendo o nosso subconsciente. As peculiaridades são e sempre serão parte integrante da vida humana, bem como os conflitos e as diferentes formas de pensar.

Entretanto, não há motivo para entrarmos em crise em razão das diferenças ou da pluralidade de pensamentos e concepções históricas, filosóficas e ideológicas. A existência de inúmeras vertentes de pensamento é muito importante e enriquece o processo de ensino-aprendizagem. O que não deve ocorrer é a imposição de uma única fonte de pensamento e o estabelecimento de uma única ideologia como verdade absoluta.

A disciplina de História, no Brasil dos governos militares, era ministrada segundo uma concepção governamental e oficial político-militar. As aulas de História partiam do pressuposto de que a análise do contexto social e político-econômico era desnecessária, improdutiva e até subversiva ao Estado.

De acordo com essa concepção, o importante era estudar as grandes datas, os grandes feitos dos governos e dos nobres cidadãos, as figuras importantes e proeminentes que mantinham a funcionalidade e a organização do Estado.

No entanto, com o processo de redemocratização no Brasil, na pós-ditadura militar, houve uma abertura para que a disciplina de História voltasse a realizar o debate e a análise acerca de diferentes enfoques político-ideológicos. O longo período em que o país foi controlado pelos braços armados dos militares (sobretudo no que se refere à educação) gerou uma verdadeira ojeriza por parte dos educadores à concepção que vinha sendo empregada no ensino, principalmente com relação às disciplinas de ciências humanas, como História e Geografia.

O fato é que, por determinado tempo, foi-se para o outro extremo. Passou-se a adotar uma postura totalmente materialista no que se refere ao ensino de História; os conteúdos passaram a ser explicados com base em uma concepção materialista-histórica e de luta de classes, fundamentados nos estudos de Karl Marx. Assim, mais uma vez, não havia espaço para outras abordagens, pois se adotou como doutrina uma única forma de explicar o contexto social, político e econômico vivido na sociedade capitalista.

Posteriormente, o ensino de História agregou outras influências, pois pesquisadores, professores e historiadores passaram a ter contato com outras correntes de pensamento, abrindo assim outras possibilidades para o ensino da disciplina.

Tivemos a introdução de outras vertentes, como a história das mentalidades e a chamada *nova história* (ou história nova) – na qual a história oficial não tinha vez, tampouco o materialismo histórico e a luta de classes, pois o que vigorava era o olhar histórico proveniente do cotidiano, da vida privada e dos costumes.

A ebulição dessas diversas visões e correntes de pensamentos fez com que muitos aderissem ao "novo" como verdade absoluta e delas se valessem para todas as explicações dentro do ensino da disciplina de História (talvez isso tenha ocorrido, pela ânsia, por parte dos estudiosos, em romper com aquela velha prática outrora imposta pelo regime militar brasileiro).

As diferentes visões e concepções sobre o ensino de História no Brasil foram sendo construídas assim: ora predominando determinada vertente, ora outra; mas o grande aprendizado que se obtém desses diversos enfoques é que não se pode abandonar ou simplesmente sobrepor dada concepção histórica em detrimento das demais, pois está claro que todas são de suma importância dentro do processo de ensino-aprendizagem e que se complementam pluralmente para promover uma melhor análise e compreensão dos fatos e acontecimentos históricos.

E, em última instância, as diversas concepções históricas visam estabelecer uma projeção do futuro, com base nos acontecimentos do passado e do presente. Assim, trabalham em consonância e se completam na busca pelo conhecimento e pela compreensão do mundo, o qual é construído diariamente pelas ações do homem, como produtor de história.

Por fim, cabe destacar que o professor de História deve se valer de todos os tipos de tendências e concepções históricas e filosóficas para analisar e debater os conteúdos da disciplina, a fim de demonstrar as diversas visões sobre um mesmo assunto e também esclarecer e municiar os alunos para que possam, por si mesmos, formar conceitos e construir, de forma sólida, uma visão de mundo e de sociedade.

Para isso, é preciso levar muito em conta a vivência pessoal e a bagagem cultural que tanto o aluno quanto o professor possuem, bem como o meio ao qual pertencem. Entretanto, isso não significa, conforme salientado anteriormente, que o educador deva ser dissimulado e/ou indiferente diante dos acontecimentos históricos ou posicionamentos políticos e ideológicos.

O professor deve posicionar-se de forma clara e objetiva a respeito de suas convicções ideológicas e políticas, e, sem dúvida, deve demonstrar que acredita nesses valores e que defende os princípios que norteiam o seu trabalho e visão de mundo. Contudo, o que deve evitar é a predileção no que se refere à imposição de tendências ideológicas ou concepções históricas, filosóficas e políticas. Do contrário, estará prestando um desserviço à educação e impedindo que ocorra o debate da pluralidade de pensamento e, por fim, o próprio desenvolvimento da cidadania.

(.)
Ponto final

Lembre-se:

- A disciplina de História pode ser ministrada com base em concepções distintas, variando de acordo com a visão de mundo do professor e com o entendimento ideológico, político, econômico, cultural e social que este possui sobre o contexto que o cerca.
- Todos os autores, professores e pesquisadores vinculados às ciências humanas carregam consigo uma carga político-ideológica e, por causa disso, a disciplina de História pode ter diferentes enfoques, fundamentações e concepções.
- O leitor precisa ter uma bagagem mínima de conhecimento, deve estar atento e procurar o que nem sempre está dito de forma clara no texto, ou seja, buscar compreender o pressuposto sob o qual o autor trabalha.
- É fundamental que o professor observe a bagagem cultural e social que a criança traz consigo do meio em que vive – essa gama de conhecimentos é transmitida pelos pais e demais familiares com quem esta convive.
- O professor deve se valer de diversos tipos de tendências e concepções históricas e filosóficas para analisar e debater os conteúdos da disciplina, a fim de apresentar visões variadas sobre um mesmo ponto, para que os alunos possam, por eles próprios, formar conceitos e construir, de forma sólida, uma visão de mundo e de sociedade – processo em que devem ser levadas em conta a vivência pessoal e a bagagem cultural que os educandos possuem, bem como o meio ao qual pertencem.

- O educador não deve ser dissimulado e/ou indiferente diante dos acontecimentos históricos ou posicionamentos políticos e ideológicos que possui e que estão presentes no seu meio e no cotidiano escolar.

É fundamental que o futuro professor compreenda que, ao trabalhar conteúdos relacionados à disciplina de História, o objetivo não deve ser recontar o passado, mas sim, e isto é fundamental, reconstruí-lo por meio de questionamentos do presente. Apenas dessa maneira, o estudo dos fatos e processos históricos ganhará significado para os alunos e será um instrumento útil na sua formação como cidadãos.

Atividades

1. Em relação aos posicionamentos políticos e ideológicos, o professor deve:
   a. procurar impor para as crianças o seu modo de pensar e compreender o mundo, a fim de que possam interpretá-lo da mesma forma que ele.
   b. valer-se das diversas correntes de pensamento, apresentando-as para as crianças e indicando a melhor a ser seguida.
   c. estabelecer o debate e demonstrar as diversas concepções políticas e ideológicas, sem, contudo, apontar uma ou outra em detrimento das demais.
   d. promover meios para que os alunos realizem o debate sobre as diversas concepções políticas e ideológicas e, assim que determinado grupo chegar a um posicionamento, deixar que esse grupo imponha a sua forma de ver o mundo sobre a dos demais.

2. Todos os indivíduos são diferentes, por mais semelhantes que pareçam, e essa diferença é o grande dilema de nossa existência, pois a sociedade em que vivemos tende à planificação, à uniformização e/ou à padronização da conduta humana e, por fim, da própria essência humana. Com base nessa afirmação, podemos concluir que:

   a. uma vez que a sociedade tende à planificação, o professor deve ignorar as diferenças e criar um conceito único, que sirva em qualquer situação e possa ser usado por toda a sociedade.

   b. precisamos reconhecer que somos diferentes e que a sociedade é pluralista e multicultural, mas que isso não impede que vivamos em sociedade; ao contrário, pode contribuir para o próprio desenvolvimento político, cultural e econômico do Estado.

   c. devemos transmitir aos alunos que a sociedade é uma organização falida, assim como o ensino e todos os valores estabelecidos pelo homem, ao longo da história.

   d. precisamos incentivar uma revolução para uma transformação radical da sociedade, nem que para isso seja necessária a realização de guerras.

3. Em relação aos textos que lemos e trabalhamos em aula com os alunos, devemos fazer uma leitura atenta para podermos:

   a. decorar as informações contidas, a fim de, mais adiante, retransmiti-las.

   b. reescrever da mesma forma que o autor, reproduzindo cada palavra, sem, contudo, cair em incorreções.

   c. diagnosticar os erros ortográficos do autor, bem como a concordância verbal e nominal.

   d. perceber o que não está escrito de maneira explícita – como convicções políticas e ideológicas do autor e o que este busca atingir com o texto em relação aos seus leitores.

(3)

Concepções sobre
o ensino de Geografia

Leandro Jesus Basegio
Renato da Luz Medeiros

A humanidade sempre viveu em uma luta constante para controlar a natureza, utilizá-la a seu favor e aproveitar os seus recursos de modo a facilitar a vida humana.

Diante disso, vemos que o homem apresenta uma relação íntima com a natureza, pois os grupos humanos, organizados em sociedades, ao mesmo tempo em que buscam transformar a natureza, também são obrigados a adaptar-se a ela, dando origem assim a uma relação dialética.

Diante da necessidade de compreender como se dá esta relação entre homem e natureza, a geografia desenvolveu-se como uma ciência autônoma, que busca explicar as questões que derivam dessa relação e que tem por objeto a observação, a descrição e a análise do PROCESSO HISTÓRICO DE FORMAÇÃO DA SOCIEDADE, da PAISAGEM e do FUNCIONAMENTO DA NATUREZA no espaço geográfico e ao longo do tempo.

Com um objeto tão amplo, é natural que surjam posicionamentos diferentes e, até mesmo, contraditórios sobre os conteúdos que devem ser abordados e sobre a forma como a geografia (como ciência e disciplina escolar) deve ser tratada. Temos como pressuposto que todo saber se configura também como um poder e, no que se refere ao saber geográfico, a história é repleta de exemplos em que isso foi verificado.

Para ilustrar, podemos citar a época das grandes navegações (a partir do século XV), quando as cartas de navegação e os mapas eram tidos como segredos de Estado. Naquele período, iniciaram-se as corridas marítimas. As grandes nações viam, no controle dos mares e nas descobertas de novas terras e rotas comerciais, a possibilidade de exercer hegemonia em nível mundial, por meio da exploração de riquezas oriundas das novas regiões.

Com o passar do tempo, o conhecimento geográfico foi tomando outras conotações e a geografia passou a ser vista como algo que está presente em nossas vidas. Quando andamos por uma cidade, quando observamos a distribuição das casas, das zonas industriais, comerciais e agrícolas, estamos entrando em contato direto com elementos que compõem o espaço geográfico.

Assim, desenvolver conhecimentos sobre geografia é também uma questão relativa à cidadania, pois a análise e a compreensão do espaço nos leva a questionar não apenas as relações entre a sociedade e a natureza, mas também as relações desenvolvidas pelos indivíduos entre si mesmos, as quais ocorrem em um espaço que as influencia e é também influenciado por elas.

Com base no que foi exposto, pretendemos trabalhar, neste capítulo, alguns pontos referentes às concepções da geografia como ciência e como disciplina presente nos currículos escolares. O pano de fundo para nossa discussão é a etapa inicial da escolarização, fase em que os alunos entram em contato, pela primeira vez, com um conhecimento geográfico sistematizado (no que diz respeito às formas de pensar, aos métodos e aos procedimentos da geografia como ciência empírica), ou seja, passam a ser alfabetizados geograficamente.

De acordo com o modo como é trabalhada na escola, a disciplina de Geografia pode proporcionar aos alunos a construção de uma relação mais crítica com o seu meio e a sociedade, estabelecendo também interfaces com outros campos do conhecimento (tais como a economia, a ecologia, a antropologia, a sociologia, a história, a cultura).

(3.1)
Breve panorama do desenvolvimento da geografia

Desde o seu surgimento, o homem vem se esforçando para desenvolver conhecimentos a respeito do espaço e da paisagem em que vive. Esses conhecimentos, entendidos como conhecimentos geográficos, podem ser representados pela construção de mapas, pela compreensão dos ciclos naturais, das estações do ano, do curso dos rios, das marés etc. Conhecer esses elementos serve a questões estratégicas: tanto para compreender a criação e a continuidade da sociedade, quanto para entender como alguns grupos exercem o controle sobre outros dentro da própria sociedade.

Contudo, a geografia não se limita à compreensão dos fenômenos naturais que ocorrem na paisagem, os quais, por consequência, afetam a sociedade. Para além do que expressa a etimologia da palavra (*geo* = Terra e *grafia* = descrição), o conhecimento geográfico busca analisar, interpretar e compreender a totalidade dos fenômenos que ocorrem "na" e afetam "a" paisagem. Nesse contexto, estão presentes conhecimentos sobre os efeitos da ação humana e várias facetas da relação entre a sociedade e a natureza.

Desse modo, vemos que a forma assumida pelo conhecimento geográfico, assim como seus objetivos, se alterarou com o decorrer do tempo, à medida que a geografia foi ganhando corpo como uma ciência empírica e autônoma, responsável por um determinado campo do conhecimento.

A geografia tradicional

De acordo com Moreira (1985, p. 18), em um primeiro momento, a geografia caracterizou-se pela busca da objetividade na tentativa de ser uma disciplina despolitizada, assumindo para si o discurso da neutralidade científica. Assim, os estudos dessa área fundamentavam-se em conhecimentos físicos da paisagem, sendo deixada de lado a questão social.

Mesmo que os trabalhos desenvolvidos por esse tipo de geografia considerassem o papel do homem na construção do espaço, as relações sociais que fazem parte do processo de construção da sociedade não eram analisadas. Logo, essas relações assumiam um caráter naturalizante, retirando-se delas todo o conteúdo social.

Como resultado, esse tipo de geografia priorizava mais a descrição do que a análise crítica e por causa disso, a produção científica que dela derivou, possuiu um caráter fragmentado. Em outras palavras, descreviam-se as transformações verificadas na paisagem, nos movimentos populacionais, nas formas de exploração dos recursos naturais, mas esses processos não eram vistos de forma relacional; não estavam associados com a noção de construção da realidade pelo homem em sociedade, o que se entende como sendo o resultado do conflito[a] entre os grupos sociais para fazerem valer seus valores, concepções e representações acerca da realidade.

Os livros didáticos associados a essa perspectiva continham apenas uma "coleção" de fatos, nomes e fenômenos geográficos descontextualizados e fragmentados. Aos alunos, cabia decorar e repetir e não questioná-los, buscando entender e compreender as causas que dão origem ao espaço tal como ele se configura. Dessa forma, a realidade social e geográfica era dada, e não construída, por meio das relações do homem em sociedade e do conflito entre os grupos sociais.

Essa geografia e sua correspondência na educação vigoraram no Brasil até os anos de 1970 e, de certa forma, respondiam aos interesses dos grupos que controlavam a vida política do país desde 1964[b].

---

a. Quando falamos em *conflito*, não nos referimos à violência. Por conflito, entendemos: "uma relação estruturada de maneira mais ou menos estável e durável. Os atores que se opõem em um conflito são adversários e não inimigos; mesmo se nem tudo é negociável num conflito, este é o contrário da violência, que fecha espaço para a discussão e o debate, a favor da ruptura ou da relação de força, apenas" (Wieviorka, 2006, p. 206-207). Como exemplo, podemos citar os conflitos entre patrões e trabalhadores, os quais colocam em disputa valores, interesses e representações sociais, sem, necessariamente, entrarem em choque.

b. Em 1º de abril de 1964, o então presidente da República, João Goulart, foi deposto por uma junta militar, dando-se início a um período de 20 anos de ditadura militar no Brasil.

A geografia crítica

As transformações mundiais do pós-guerra acabaram esgotando a capacidade da geografia tradicional para fornecer respostas às novas questões mundiais. O avanço dos recursos técnicos de observação do espaço, o aceleramento do processo de globalização e o aumento das desigualdades sociais no mundo todo tornaram impossível que se continuasse produzindo um saber geográfico descontextualizado e voltado apenas para a descrição.

Por conta dos movimentos ocorridos na década de 1960, vimos surgir uma corrente de geógrafos associados à perspectiva marxista. Assim, as relações de trabalho e produção passaram a ser o foco das análises geográficas, percebidas como os motores da construção do espaço.

Nesse sentido, a própria noção de espaço se viu alterada, passando este a ser considerado como um derivado do meio social, ou seja, como uma criação histórica dos homens em sociedade. Para os geógrafos que partilhavam dessa visão, seria possível propor a transformação da realidade por meio de uma análise crítica do espaço social e com base em uma nova forma de abordagem das categorias geográficas[c].

No que se refere ao ensino escolar, a geografia crítica trouxe novos temas, incorporando aos estudos a análise das relações de trabalho e produção e a dinâmica de transformação das sociedades. Contudo, isso não representou uma mudança no fazer geográfico em sala de aula, pois as técnicas de estudo utilizadas continuaram sendo as mesmas que as da geografia tradicional.

---

[c]. Uma nova compreensão das categorias de território, espaço, lugar, fronteira etc., bem como de questões geopolíticas ligadas aos interesses dos Estados nacionais.

Os livros didáticos, apesar das novas temáticas, mantiveram a forma descritiva, fragmentada e descontextualizada ao longo de toda a década de 1980, quando essa mudança foi então verificada, mais especificamente, nos meios acadêmicos, mas, também, no ensino escolar.

Em síntese, mesmo com novos temas, a perspectiva geográfica desenvolvida pela corrente crítica da geografia, no que se refere ao ensino escolar da disciplina, permaneceu tal como era na época em que a geografia tradicional predominava, ou seja, continuou descontextualizada, descritiva, mecânica e apegada às técnicas de memorização. Em resumo, manteve todas as características de uma educação bancária, voltada para a manutenção da ordem vigente.

A geografia contemporânea

A década de 1990 marcou uma nova virada na forma de se fazer e ensinar Geografia, tanto nos meios acadêmicos como no ambiente escolar. Obviamente as escolas demoraram mais a sentir essa mudança, porém, pouco a pouco, as novas perspectivas geográficas foram se afirmando no campo da educação.

A virada proposta depois da década de 1990 colocou em questão o poder explicativo das perspectivas desenvolvidas pela geografia tradicional e pela geografia crítica, uma vez que ambas desconsideravam as dimensões subjetivas e culturais presentes na paisagem e no espaço geográfico. A primeira, por centrar-se apenas na descrição e na análise empírica; a segunda por dar ênfase às interpretações políticas e econômicas. Assim, considerava-se que nem uma nem outra haviam conseguido romper com o caráter descritivo e mecânico que caracterizava a análise geográfica.

A nova geografia que procurou se firmar depois dos anos de 1990 pode ser resumida da seguinte forma:

> Uma das características fundamentais da produção acadêmica da Geografia desta última década é justamente a definição de abordagens que considerem as dimensões subjetivas e, portanto, singulares que os homens em sociedade estabelecem com a natureza. Estas dimensões são socialmente elaboradas – fruto das experiências individuais marcadas pela cultura na qual se encontram inseridas – e resultam das diferentes concepções do espaço geográfico e sua construção. É, essencialmente, a busca de explicações mais plurais, que promovam a intersecção da geografia com outros campos do saber, como a Antropologia, a Sociologia, a Biologia, as ciências Políticas, por exemplo. Uma Geografia que não seja apenas baseada na descrição empírica das paisagens, tampouco pautada exclusivamente na interpretação política e econômica do mundo; que trabalhe com relações socioculturais da paisagem como os elementos físicos e biológicos que dela fazem parte, investigando as múltiplas interações entre eles estabelecidas na constituição de um espaço: o espaço geográfico. (Brasil, 1997, p. 105-106)

Contudo, percebemos que essa nova orientação sobre o fazer geográfico, oriunda dos meios acadêmicos, apesar de vir ganhando cada vez mais espaço, ainda está longe de ser uma realidade na prática diária de sala de aula nas escolas espalhadas por todo o país.

Cabe aos educadores, diante do contato com as novas perspectivas e métodos de ensino de Geografia, promover a mudança. Todavia, para que essa transformação ocorra, é necessário que fixemos alguns objetivos sobre o que é e o que representa o estudo e o ensino da Geografia na atualidade.

(3.2)
A geografia como instrumento para a construção da cidadania

Acreditamos que o estudo da geografia – seja nas séries iniciais, seja nos últimos níveis da educação formal – tem um importante papel a cumprir: deve ser uma ferramenta para a compreensão da realidade, de forma a possibilitar que cada indivíduo, ao entrar em contato com seus métodos e práticas, desenvolva competências para estabelecer relações entre os processos que formam o seu meio e os meios mais distantes, percebendo, com isso como se dão as interações entre a sociedade e a natureza e como essas interações condicionam nossa vida cotidiana. Em síntese, significa instrumentalizar nossos alunos para a cidadania, permitindo que adquiram competência para atuar como agentes ativos no meio social em que vivem.

Nesse sentido,

> A Geografia tem como objetivo compreender a vida de cada um de nós desvendando os sentidos, os porquês das paisagens em que vivemos e vemos serem como são. "Entender a lógica que está inserida em cada paisagem". Como ela foi construída? Por que ela é assim? É preciso romper com a simples visualização/ descrição conformista das paisagens. (Kaecher, 2001, p. 13)

Entender a lógica da paisagem que nos rodeia significa, em outras palavras, adquirir a competência para poder atuar sobre elas. Desvendar seus significados é interpretar a paisagem de forma relacional, percebendo nela não apenas processos físicos e naturais de transformação, mas também processos econômicos, políticos e sociais que determinam a sua dinâmica. Em suma, é assimilar os processos que dão origem a um espaço que é socialmente construído[d].

Acreditamos, com base no que foi dito, que a geografia é feita no dia a dia, por meio da comparação entre a paisagem que nos rodeia e outras paisagens, bem como da comparação entre a paisagem local atual e a paisagem do passado, percebendo a historicidade do espaço e dos fenômenos sociais que nele se desenvolvem.

É verificando que a organização do espaço expressa uma ordem social construída que poderemos pensá-lo de maneira crítica, problematizando a realidade, para, então, pensarmos alternativas para sua transformação.

A necessidade de compreender como nos apropriamos dos lugares para transformá-los (Kaecher, 2001, p. 16) é uma questão-chave para o estudo e o ensino de Geografia. Em outros termos, desenvolver essa compreensão significa, como conclui provisoriamente esse autor, o seguinte:

> Cada sociedade produz uma geografia de acordo com os seus objetivos. Mais importante que localizar é relacionar os lugares e as sociedades que ali habitam, sempre tendo em mente a globalização da sociedade mundial que cada vez mais se integra, ainda que com diferentes poderes e direitos (Estados Unidos e Etiópia se integram, mas não têm os mesmos poderes).
>
> Se nossos alunos puderem ter na geografia um instrumento útil de leitura do mundo, estaremos ajudando a construir não só uma escola como uma sociedade mais crítica e indignada com toda e qualquer miséria humana. (Kaecher, 2001, p. 16)

---

d. É nesse sentido que cabe uma crítica à tradicional divisão, presente nos currículos escolares, entre GEOGRAFIA FÍSICA e GEOGRAFIA HUMANA. Ambos os processos de transformação da paisagem, sejam os físicos ou humanos, atuam em conjunto e as transformações na paisagem são o resultado de agentes físicos e sociais.

(3.3)
Principais objetivos do estudo da geografia nas etapas iniciais da escolarização

Como já foi visto, qualquer atividade pedagógica deve levar em conta o estágio do desenvolvimento cognitivo em que a criança se encontra. Portanto, respeitar essas etapas é fundamental para que possamos realizar um trabalho realmente significativo.

Essa ressalva é importante, devido ao caráter que historicamente a geografia assumiu como ciência e como disciplina escolar; referimo-nos à sua tradição descritiva, que visava apenas relatar a forma como a paisagem e o espaço geográfico se apresentavam à nossa percepção, descontextualizando esses dois elementos (espaço e paisagem) e retirando deles todo o conteúdo social.

Pois bem, como também já afirmamos, nas primeiras etapas da escolarização, o melhor caminho a seguir é partir daquilo que para nossos alunos é mais próximo, mais concreto e, por consequência, mais repleto de significados. Devemos partir do meio em que nossos educandos estão inseridos, problematizando essa realidade para, então, levá-los a estabelecer relações com outros meios. Como nos diz Nidelcoff (1995), é por meio da compreensão do seu próprio local e tempo que a criança vai desenvolvendo sua compreensão a respeito de indivíduos de outras localidades e tempos.

Diante do exposto, quais seriam então os objetivos do trabalho com a geografia nas primeiras etapas da educação formal?

Em primeiro lugar, é nessa etapa que a criança adquire o instrumental necessário para ler e interpretar o mundo. Ela aprende a atribuir significados às coisas que estão a sua volta, executando assim um trabalho de codificação e decodificação do mundo que a ela se apresenta. Logo, é importante que consiga reconhecer a forma como se organiza o espaço geográfico, percebendo este como uma construção dos indivíduos em sociedade.

Em segundo lugar, esse trabalho requer que o aluno perceba que as ações humanas têm influência direta no meio em que vivemos. Logo, deve-se atuar a fim de proporcionar condições para que o aluno se identifique como produtor do espaço em que vive, como um agente ativo na construção desse espaço; por outro lado, é preciso que ele perceba que também sofre as consequências das transformações que ocorrem em seu espaço.

Como terceiro ponto, é importante que o aluno perceba que os fenômenos geográficos possuem uma espacialidade e uma historicidade, isto é, há uma dinâmica na construção da paisagem que é dada pela lógica das relações e interações sociais existentes entre os homens de seu local e de seu tempo.

Compreendendo isso, o aluno poderá perceber que o espaço social em que está inserido é fruto de uma cultura (determinada pelas relações sociais, políticas e econômicas que os indivíduos assumem entre si e em relação à natureza).

É possível levar as crianças a compreenderem que elas também são agentes na construção do espaço que as rodeia, o qual está ligado a um espaço mais amplo, que é o espaço da sociedade em geral, mas que as ações que elas realizam, assim como aquilo que ocorre em sua comunidade, têm repercussões nesse espaço.

(.)

Ponto final

Lembre-se:

- Desde os primórdios, o homem procurou controlar a natureza, o que significa utilizá-la a seu favor, aproveitando para facilitar a vida humana, por meio dos recursos naturais.

- A sociedade, ao mesmo tempo em que busca transformar a natureza para seu proveito, também é obrigada a adaptar-se a ela, dando origem assim a uma relação dialética.

- Diante da necessidade de se compreender como se dá a relação entre homem e natureza, a geografia desenvolveu-se como uma ciência autônoma que busca explicar as questões que derivam dessa relação.

- A geografia, como ciência e como disciplina escolar, tem por objetivo realizar (por meio do espaço geográfico e do tempo) a observação, a descrição e a análise do processo histórico de formação da sociedade, da paisagem e do funcionamento da natureza.

- A geografia faz parte de nosso cotidiano; diariamente entramos em contato com elementos que compõem o espaço geográfico.

- Desenvolver conhecimentos de geografia é também uma questão de cidadania, pois a análise e a compreensão do espaço levam-nos a questionar as relações entre a sociedade e a natureza e as relações entre os indivíduos, as quais ocorrem em determinado espaço que as influencia e que é também influenciado por elas.

- O conhecimento geográfico busca analisar, interpretar e compreender a totalidade dos fenômenos que ocorrem "na" e afetam "a" paisagem; nesse contexto, há conhecimentos sobre os efeitos da ação humana e as várias facetas da relação entre a sociedade e a natureza.
- A geografia tradicional caracterizou-se pela busca da objetividade, assumindo para si o discurso da neutralidade científica. Seus estudos fundamentaram-se em conhecimentos físicos da paisagem, sendo deixada de lado a questão social.
- A geografia tradicional priorizava a descrição e, em razão disso, a produção científica que dela derivou possuía um caráter fragmentado e descontextualizado.
- No ensino escolar, a geografia tradicional privilegiou a descrição, incentivando as técnicas de memorização, em detrimento das de análise.
- A partir da década de 1960, vimos surgir uma corrente de geógrafos associados à perspectiva marxista, dando origem à chamada *geografia crítica*.
- A geografia crítica trouxe novas temáticas para o ensino escolar, incorporando aos estudos a análise das relações de trabalho e produção e a dinâmica das transformações sociais.
- A década de 1990 marcou uma nova virada na forma de se fazer e ensinar Geografia. A disciplina passou a ser vista como uma ferramenta para a compreensão da realidade, buscando-se esclarecer como se dão as relações entre a sociedade e a natureza e como estas condicionam nossa vida cotidiana.
- Entender a lógica da paisagem que nos rodeia significa adquirir competência para poder atuar sobre ela; é interpretar a paisagem de forma relacional, percebendo nela, além dos processos físicos e naturais de

transformação, também os processos econômicos, políticos e sociais que determinam a sua dinâmica.

- No ensino escolar da geografia, deve-se partir do meio em que os educandos estão inseridos, problematizando essa realidade para levá-los a estabelecer relações com outros meios.
- É importante reconhecer a forma como o espaço geográfico se organiza, percebendo este como uma construção dos homens em sociedade.
- Devemos atuar com o objetivo de proporcionar condições ao aluno para que este perceba que, ao mesmo tempo em que é produtor do espaço em que vive, é influenciado pelas transformações que ocorrem nesse espaço.
- Os fenômenos geográficos possuem uma espacialidade e uma historicidade, isto é, há uma dinâmica na construção da paisagem que é dada pela lógica das relações e interações sociais existentes entre os homens de um determinado local e tempo.

Com base no que estudamos neste capítulo, podemos perceber que um dos principais objetivos do estudo de elementos da disciplina de Geografia com crianças que se encontram nas primeiras etapas do processo de escolarização é fornecer-lhes suporte para que possam ler e compreender o meio em que vivem, ou seja, é proporcionar condições para que percebam como a paisagem que está ao seu redor é fruto dos processos históricos e das interações que os indivíduos realizam em sociedade.

Atividades

1. O objeto do estudo da geografia como ciência e como disciplina escolar é:
   a. a descrição dos fenômenos naturais, dos movimentos populacionais e das alterações verificadas na paisagem terrestre.
   b. a análise dos fenômenos naturais que promovem modificações na paisagem.
   c. a observação, a descrição e a análise do processo histórico de formação da sociedade, da paisagem e do funcionamento da natureza por meio do espaço geográfico e do tempo.
   d. a análise e a descrição dos fenômenos sociais ocorridos com o passar do tempo.

2. Podemos caracterizar a corrente da geografia crítica como:
   a. uma busca de objetividade na condição de ciência, procurando formar uma disciplina despolitizada que se fundamenta na ideia de neutralidade científica e que, por isso, deixa de lado as questões sociais.
   b. uma tentativa de tornar a disciplina menos analítica e mais descritiva, como forma de se livrar da interferência ideológica que se verificava em outras correntes.
   c. uma busca pela descrição das transformações verificadas na paisagem, nos movimentos populacionais e nas formas de exploração dos recursos naturais; esses processos, porém, não são vistos de forma relacional.
   d. uma corrente associada à perspectiva marxista, que traz para o centro das análises geográficas as relações de trabalho e produção, as quais são percebidas como fundamentais na construção do espaço, ou seja, a noção de

espaço é vista como uma criação histórica dos indivíduos em sociedade.

3. Um dos principais objetivos do estudo da Geografia nas etapas iniciais da escolarização é:

   a. fazer com que a criança consiga reconhecer a forma como se organiza o espaço geográfico, percebendo este como uma construção dos indivíduos em sociedade.
   b. transmitir aos alunos conhecimentos sobre os nomes dos continentes, dos países e de suas capitais e das principais formas verificadas no relevo de cada região.
   c. fazer com que a criança entre em contato com conceitos abstratos, como espaço geográfico, uma vez que isso é possível, pois foi verificado que esses conhecimentos são inatos às crianças.
   d. buscar que os alunos decorem os principais métodos e conceitos com os quais os geógrafos profissionais trabalham.

(4)

A noção de tempo

Leandro Jesus Basegio
Renato da Luz Medeiros

Uma das noções mais difíceis de serem trabalhadas com crianças que se encontram nas fases iniciais da escolarização é a de tempo, por ser algo completamente abstrato. Embora o tempo físico (objetivo), aquele marcado pelo relógio e pelo calendário, possa nos parecer algo concreto, sua compreensão exige um elevado grau de DESCENTRAÇÃO – o que se coloca como um desafio para quem trabalha com educação infantil e séries iniciais –, uma vez que, nas primeiras etapas de seu desenvolvimento, a criança permanece ainda muito ligada ao seu tempo natural, comandado por seu organismo e por sua subjetividade.

Neste capítulo, procuraremos abordar algumas das definições de tempo, buscando definir suas características e seus significados. Temos como objetivo apresentar como, em cada fase do desenvolvimento cognitivo, as crianças se relacionam com o tempo, bem como sugerir atividades relacionadas ao desenvolvimento dessa noção nas primeiras etapas da educação formal.

(4.1)
Os estágios do desenvolvimento cognitivo e a noção de tempo

Existem variados tipos de tempo e a estruturação dessa noção vai se dando aos poucos, à medida que a criança amplia a sua rede de interações com o meio. De acordo com Antunes, Menandro e Paganelli (1993, p. 9), cabe destacar que a noção de tempo apresenta-se sob duas dimensões, sendo uma aquela do tempo físico e a outra a do tempo histórico e social.

O TEMPO FÍSICO é aquele marcado pelo relógio e pelo calendário; é um tempo objetivo, que não apresenta variações nem por meio do tempo nem do espaço. A outra dimensão, que corresponde ao TEMPO HISTÓRICO E SOCIAL, está ligada às características que assumem as relações sociais, políticas, econômicas e culturais que configuram as sociedades em uma época específica.

Com base nisso, devemos então perceber como tratamos, em nosso dia a dia, a questão do tempo. Como colocam Schäffer e Bonetti, cotidianamente lidamos com duas formas bem claras de tempo:

O tempo subjetivo é aquele que decorre da nossa própria impressão, variando de acordo com as pessoas e a atividade do momento. O momento de prazer passa mais depressa que o momento de aborrecimento. Já o tempo objetivo é aquele tempo matemático, sempre idêntico. Por exemplo, uma hora dura sempre 60 minutos; uma semana dura sempre sete dias.
(Schäffer; Bonetti, 2002, p. 42)

Desse modo, para trabalhar em sala de aula com um conceito que é complexo e abstrato, como é o caso do tempo, é fundamental que o educador compreenda que a estruturação desse conceito se dá por etapas, à medida que os indivíduos vão se desenvolvendo. Isso lhe permite organizar o trabalho de forma mais adequada, tornando-o realmente significativo para os alunos.

Na primeira fase do desenvolvimento (estágio sensório-motor), a criança tem a percepção do tempo vivido com base no seu próprio ritmo e o da ação que está realizando no momento. Segundo Antunes, Menandro e Paganelli (1993, p. 81), esse tempo está relacionado ao espaço, pois o tempo de uma ação está diretamente ligado ao espaço em que ela é praticada.

Em síntese, o tempo se estrutura em função do espaço em que a criança está e da ação que ela desenvolve. É o tempo de brincar ou de engatinhar, sem relação com o antes ou com o depois, ou seja, é apenas um presente contínuo.

Em seguida, temos o que chamamos de *tempo intuitivo* (estágio pré-operatório), em que a noção de tempo, de acordo com Schäffer e Bonetti (2002, p. 44-45), é percebida de forma relacional com a ordem (antes e depois, ontem e amanhã), com a duração (pouco tempo, muito tempo, cedo ou tarde) e com a sucessão.

A dimensão espacial é ainda, nesse estágio, uma das principais bases para a estruturação da noção de tempo, a criança pode considerar que é mais velho quem é mais alto ou que correu mais tempo quem foi mais longe. Em suma, a percepção do tempo é intuída por uma comparação com a dimensão espacial.

Apenas na última fase do desenvolvimento cognitivo (estágio operatório-formal) é que temos o chamado *tempo operatório*, que se dá por volta dos 11 ou 12 anos[a]. Segundo Schäffer e Bonetti (2002, p. 44), nessa idade, a capacidade de abstração do aluno está bem desenvolvida e ele apresenta um pleno controle sobre o tempo objetivo, o que lhe permite elaborar operações com duração, com diferenças entre tempos, ordenação e sucessão do tempo.

Nesse sentido, podemos afirmar que a criança atingiu um patamar capaz de lhe possibilitar a compreensão do desenvolvimento do processo histórico, isto é, consegue periodizar, quantificar, analisar a duração e perceber as diferenças entre os tempos históricos.

O tempo como um padrão cultural

Assim como o espaço apresenta um caráter histórico e social na forma como está organizado, o tempo também possui essa característica. Logo, a forma como o tempo é contado também obedece às características históricas e sociais de determinada civilização. Existem muitos calendários que contam o tempo objetivo de forma diferente. Cada sociedade, ao longo de seu desenvolvimento histórico, produziu formas variadas de contar o

---

a. Isso levou alguns especialistas a acreditar que o ensino de História não deveria começar antes dessa fase, pois a criança ainda apresenta dificuldade em lidar com a noção de tempo (Nidelcoff, 1995, p. 82).

tempo, as quais estão ligadas a eventos importantes de sua história.

Vejamos o caso da sociedade ocidental, que utiliza o calendário gregoriano, desenvolvido pela Igreja Católica, durante a Idade Média. Seu marco inicial se refere ao nascimento de Cristo. Já para os muçulmanos, a data inicial do calendário está ligada à revelação tida pelo profeta Maomé (em 622 d.C., pelo calendário cristão)[b]. Logo, podemos perceber que as maneiras de medir o tempo também são culturais e se estruturam de forma diversa nos diferentes espaços e ao longo do próprio tempo.

O que é tempo histórico?

Na disciplina de História, trabalhamos com o conceito de tempo histórico, que é ligado a determinado espaço e a determinada sociedade.

Podemos utilizar como exemplo o encontro entre os nativos do Brasil e os portugueses, quando da chegada dos europeus à América. Os índios e os portugueses eram contemporâneos (ou seja, viviam no mesmo tempo objetivo: o ano de 1500 da Era Cristã, de acordo com o calendário gregoriano). Todavia, se analisarmos as estruturas de ambas as sociedades, veremos que portugueses e índios viviam em tempos (épocas) históricos diferentes.

Não se trata aqui de comparar uma sociedade com a outra, achando, por exemplo, que os portugueses eram

---

b. O ano muçulmano é baseado no calendário lunar, possuindo 12 meses de 29 ou 30 dias. Para sabermos aproximadamente em que ano se encontra o calendário muçulmano em relação ao calendário gregoriano, utilizado pela sociedade ocidental, utilizaremos o ano de 2008 do nosso calendário. Fazemos a seguinte operação matemática: 2008 − 622 (ano da revelação de Maomé, ou Hégira) = 1386 x 1,031 (número de dias do ano gregoriano dividido pelo número de dias do ano lunar) = 1428,966 = 1429, pelo arredondamento.

mais evoluídos que os índios, pois possuíam caravelas e navegavam mar afora. O tempo histórico do qual falamos refere-se às características socioculturais que uma sociedade apresenta em determinado período, ou seja, está associado à ação humana e caracteriza-se pelo conjunto de relações sociais, econômicas, políticas e culturais que vigoram em determinada época. Em síntese, está ligado às estruturas que compõem a vida social.

Esse conceito é importante, porque duas pessoas nascidas em uma mesma região, porém em épocas diferentes (por exemplo, na Porto Alegre da segunda metade do século XIX e na Porto Alegre do século XXI), apresentam concepções e visões de mundo completamente distintas, embora ambas tenham nascido e vivido no mesmo local.

Assim, devemos perceber que tanto nós quanto os homens do passado somos frutos de um tempo histórico e que nossas formas de pensar e agir são condicionadas pela estrutura das relações sociais que vivenciamos. Logo, para além do tempo físico (objetivo), é importante que a criança desenvolva a noção de tempo histórico.

(4.2)
Como trabalhar a noção de tempo

Para Antunes, Menandro e Paganelli (1993, p. 102), a noção de tempo pode ser trabalhada de muitas formas com crianças da educação infantil e das séries iniciais. Um bom começo é mostrar aos alunos que não apenas as medidas formais (relógio e calendário) são capazes de marcar o tempo, mas que também existem maneiras informais de contá-lo, uma vez que as medidas de tempo obedecem a padrões culturais, variando de acordo com as sociedades e o período histórico. Vejamos alguns exemplos.

Em uma comunidade rural, podemos ouvir: "Nosso namoro durou o tempo de uma colheita". Em outro exemplo, como na música do compositor Sérgio Sampaio: "Nosso amor morreu tão cedo, durou o tempo exato da agonia do Tancredo", referindo-se ao período de tempo (14/03/1985 a 21/04/1985) em que Tancredo Neves, eleito presidente da República pelo Congresso Nacional, em 1985, após duas décadas de regime militar, adoeceu, foi internado e veio a falecer no Hospital de Clínicas de São Paulo. Essa percepção é importante, pois traz à tona o caráter sociocultural do tempo, mostrando a sua ligação com os homens e com a sociedade.

Em vez de decorar datas para se situar no tempo – uma característica forte na educação tradicional e bancária –, é importante que a criança desenvolva as noções de ordem, sucessão, simultaneidade e duração. O objetivo é procurar apresentar o tempo como um fator que traz a mudança e induz a ela. Por isso, a importância da realização de trabalhos com linhas de tempo. Vejamos um exemplo usando os meses do ano:

Figura 4.1 – Exemplo de trabalho usando linha do tempo

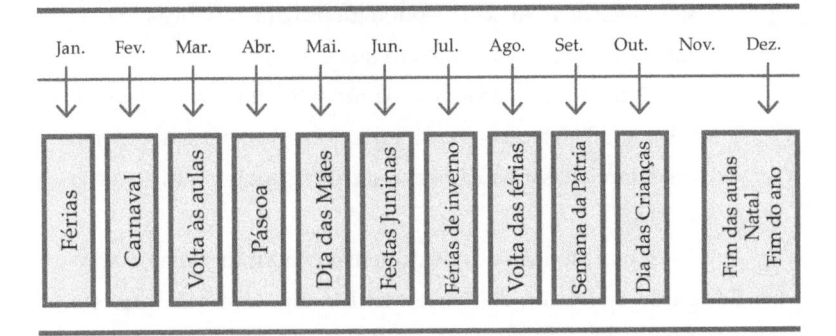

Jan.	Fev.	Mar.	Abr.	Mai.	Jun.	Jul.	Ago.	Set.	Out.	Nov.	Dez.
↓	↓	↓	↓	↓	↓	↓	↓	↓	↓	↓	↓
Férias	Carnaval	Volta às aulas	Páscoa	Dia das Mães	Festas Juninas	Férias de inverno	Volta das férias	Semana da Pátria	Dia das Crianças		Fim das aulas / Natal / Fim do ano

Com esse simples exercício, é possível verificar relações de ORDENAÇÃO dos fatos (O que vem antes e o que vem depois?), de DURAÇÃO (Quanto tempo dura o ano letivo? Quanto tempo duram as férias? Qual passa mais rápido?). Também é possível fazer quantificações marcando o tempo de duração dos meses, vendo qual o intervalo de dias entre uma e outra referência na linha do tempo.

A ideia de linha do tempo pode ser utilizada de várias outras formas, como, por exemplo, traçando a sequência das atividades realizadas durante o dia na escola. O objetivo desse trabalho é conseguir dar significado ao tempo e à sua passagem por meio de sua relação com nossa vida cotidiana.

Na educação infantil, a criança deve ser estimulada a comparar as durações e a ordem dos acontecimentos no tempo. À medida que ela vai se desenvolvendo cognitivamente, as noções de partição do ano e dos séculos podem passar a ser introduzidas nas séries iniciais.

Memória e história oral

É fundamental que a criança perceba que a passagem do tempo representa transformações, pois, assim, ela desnaturalizará a realidade e adquirirá competência crítica para se posicionar diante das circunstâncias que determinam seu meio, as quais correspondem às características históricas e sociais do momento em que ela vive.

Portanto, de acordo com Antunes, Menandro e Paganelli (1993, p. 109), devemos levar em conta que a noção de tempo traz implícitas três dimensões: O PASSADO, O PRESENTE e O FUTURO.

A assimilação dessas dimensões permite uma compreensão adequada do processo histórico, uma vez que este apresenta continuidades e descontinuidades (rupturas), em que, em grande medida, os fatos do passado determinam a conjuntura do presente que, por sua vez, terá uma forte influência sobre a configuração que se verificará no futuro.

Nesse sentido, é de grande relevância o recurso à memória e à história oral, pois, com base na lembrança dos fatos de sua vida e da vida de seus familiares ou pessoas próximas, a criança pode assimilar a dimensão de passado e da passagem do tempo como um fator de mudança.

Como nosso objetivo aqui é indicar formas para trabalhar a noção de tempo com crianças que se encontram nas primeiras etapas da escolarização, nada melhor do que partir daquilo que é concreto para elas: sua própria memória. Tomando consciência, inicialmente, de sua memória individual, a criança toma também consciência da memória coletiva de seu meio e de sua comunidade.

Quando a criança é levada a investigar sobre o passado de sua família e da comunidade em que está inserida, partindo daquilo que para ela é mais próximo, vai gradativamente desenvolvendo a noção de mudança. Segundo Nidelcoff (1995, p. 70), assim ela percebe que a passagem do tempo significa transformação e construção. Os relatos feitos por seus parentes mais velhos acabam se cruzando com fatos mais gerais da vida da própria comunidade, sendo esta uma oportunidade para que a criança perceba que a história é um processo coletivo e que aprender sobre fatos passados fornece elementos para a compreensão do presente, em que sua própria vida está incluída.

O objetivo é que o aluno tome consciência de si como um agente histórico, percebendo que são os homens que constroem a história por meio das condições determinadas pelo contexto em que vivem.

(4.3)
Sugestões de atividades

Tal como referimos anteriormente, as sugestões de atividades a seguir não devem ser entendidas como receitas a serem aplicadas, mas sim como um suporte para pensar atividades que podem ser realizadas em sala de aula, levando sempre em consideração a realidade do meio em que nossos alunos estão inseridos.

Sucessão ou ordenação do tempo

Acreditamos que, por meio de atividades como as que serão propostas, as crianças conseguem desenvolver uma melhor noção de processo, bem como melhores noções de causa e efeito.

Sugestão 1 – Ordenação de fatos

- Apresente às crianças quadros que representam a sequência de uma história sem falas.
- Procure escolher uma história em que seja possível apenas um único início e um único fim, mas em que os fatos intermediários possam assumir posições variadas.
- Peça aos alunos que organizem os quadros, mostrando a sequência em que os acontecimentos foram se desenvolvendo.
- O objetivo da atividade é que a criança perceba a ordenação dos fatos, visualizando o passado como construtor do presente e do futuro.

Sugestão 2 – Linha do tempo

- Proponha a montagem de uma linha do tempo, com base em fatos ocorridos durante o ano.
- Nessa atividade (recomendada para crianças que estão, pelo menos, na primeira série), o aluno colocará ordenadamente na linha do tempo os acontecimentos de seu ano: férias, volta às aulas; datas, comemorativas ocorridas, fatos importantes na vida de sua família.
- O objetivo é que a criança perceba a sucessão, a ordenação e a duração dos acontecimentos e que consiga, por me deste exercício, iniciar atividades de quantificação do tempo.
- Para tanto, algumas questões devem ser colocadas aos alunos, como, por exemplo: Quanto tempo há disponível entre os eventos marcados na linha do tempo? O que ocorreu antes e o que ocorreu depois de cada evento? Quanto tempo falta para que tal data chegue?

Assimilação do conceito de tempo histórico

Este é um trabalho importante de ser realizado, pois a noção de tempo histórico talvez seja uma das mais abstratas e difíceis de serem trabalhadas. Portanto, ao reconhecer as diferenças entre um tempo histórico e outro, a criança consegue desnaturalizar aquilo que se apresenta na realidade de seu tempo. Em outras palavras, consegue perceber que a história é uma construção social.

Sugestão 1 – Imagens históricas

- Escolha imagens de uma mesma região em épocas históricas diferentes.
- Peça aos seus alunos que indiquem as mudanças ocorridas na região entre uma época e outra.
- O objetivo é demonstrar aos alunos que a passagem do tempo representa mudança.
- Um desdobramento desta atividade pode ser a inclusão de elementos anacrônicos na imagem (por exemplo, um computador inserido em uma imagem que representa uma cena do século XIX). Por meio desse recurso, é possível ver a capacidade do aluno para caracterizar épocas.

O tipo da atividade a seguir é fundamental para que a criança perceba como trabalha um historiador, ou seja, como, com base em fontes, sejam materiais, sejam relatos, os profissionais da história reconstroem o passado por meio das preocupações do presente. Cabe destacar também que, ao reconhecer a história de sua região, ou seja, de seu meio, a criança constrói noções de cidadania.

Sugestão 2 – Remontar história local

- Procure remontar a vida da região onde seus alunos moram, com base nos relatos de pessoas mais velhas da comunidade. Isso levará os alunos a perceberem como um historiador trabalha.
- Peça para os alunos entrevistarem seus parentes (pais, avós, outros).

- Elabore um roteiro sobre o que deve ser investigado (por exemplo, quais as ruas que já existiam no bairro; quais as famílias que já moravam na região; quais os meios de transporte utilizados pelas pessoas para se deslocarem etc.).
- Monte um painel, com fotos, imagens e outros elementos que consigam caracterizar a região em outra época. Isso levará o aluno a perceber que tudo aquilo que nos traz alguma informação sobre como era a vida no passado representa uma FONTE HISTÓRICA.
- Faça um trabalho de investigação com seus alunos sobre o que acontecia no seu estado ou no país no período em que os avós, os pais ou aqueles que forneceram as entrevistas eram crianças.[c]
- O objetivo desta atividade é trabalhar com a técnica de história oral, bem como levar os alunos a perceberem as relações mais amplas entre o local e a sociedade, compreendendo que a sua região faz parte de um todo e que os fatos que ali ocorrem estão relacionados à estrutura maior que compõe a sociedade.

A atividade a seguir é um bom caminho para envolver a família e a comunidade, como um todo, mostrando que o conhecimento que as crianças trazem de seu meio também é valorizado dentro da escola e é fundamental no processo de formação de nossos alunos.

---

c. Um desdobramento desta atividade é pedir aos alunos que investiguem o que ocorria no país e no mundo no dia em que nasceram. Com isso, é possível trabalhar questões de simultaneidade, relações entre os fatos que estavam ocorrendo, consequências, entre outras.

> *Sugestão 3 – Resgate de brincadeiras antigas*
>
> - Peça aos alunos que entrevistem seus pais, avós e outras pessoas com mais idade a respeito de quais eram os brinquedos e as brincadeiras da época em que eram crianças.
> - Com base nos relatos, monte um painel com as informações obtidas.
> - Em seguida, peça às crianças que elaborem um segundo painel, agora mostrando quais são os seus brinquedos e brincadeiras.
> - Procure estabelecer comparações entre as diferentes formas de brincar em cada época.
> - Partindo desta atividade, podemos desenvolver um projeto de resgate dos antigos brinquedos e brincadeiras, levando os alunos a confeccionarem brinquedos assim como seus pais e avós faziam. Essa é também uma boa oportunidade para trazer a família e a comunidade para dentro da escola, convidando os mais velhos para ensinar às crianças suas brincadeiras e o modo como fabricavam seus brinquedos.

(.)

Ponto final

Lembre-se:

- A noção de tempo apresenta-se sob duas dimensões: TEMPO FÍSICO e TEMPO HISTÓRICO E SOCIAL.

- A estruturação da noção de tempo se dá por etapas, ou seja, ocorre paulatinamente, à medida que os indivíduos vão se desenvolvendo.
- Na primeira fase do desenvolvimento (estágio sensório-motor), a criança tem a percepção do TEMPO VIVIDO por meio de seu ritmo e da ação que está realizando. O tempo se estrutura em função do espaço em que a criança está e da ação que ela desenvolve, é apenas um presente contínuo.
- Na segunda fase, temos o TEMPO INTUITIVO (estágio pré-operatório), no qual a noção de tempo é percebida de forma relacional com a ordem, com a duração e com a sucessão. A dimensão espacial ainda é uma das bases para a estruturação da noção de tempo, sendo a percepção do tempo intuída por meio dela.
- Na última fase (estágio operatório-formal), temos o TEMPO OPERATÓRIO, que se dá por volta dos 11 ou 12 anos. Nessa etapa, a capacidade de abstração do aluno já está bem desenvolvida e ele apresenta controle sobre o tempo objetivo, percebendo sua duração, as diferenças entre tempos, sua ordenação e sucessão, o que lhe permite compreender o desenvolvimento do processo histórico e perceber as diferenças entre cada um.
- Na educação infantil, é importante que a criança seja estimulada a comparar as durações e a ordem dos acontecimentos no tempo. À medida que ela vai se desenvolvendo cognitivamente, as noções de partição do ano e dos séculos podem ser introduzidas.
- O TEMPO FÍSICO é aquele marcado pelo relógio e pelo calendário. Trata-se de um tempo objetivo que não apresenta variações, nem por causa do tempo nem do espaço.

- O TEMPO HISTÓRICO refere-se às características socioculturais que uma sociedade apresenta em determinado período e está associado à ação humana, caracterizando-se pelo conjunto de relações sociais, econômicas, políticas e culturais que vigoram em determinada época.
- Para se trabalhar a noção de tempo, o melhor é começar daquilo que é concreto para as crianças, ou seja, sua própria memória, para que por meio da percepção de sua memória individual elas tomem consciência da memória coletiva de seu meio e de sua comunidade.
- A criança deve perceber que a passagem do tempo significa transformação e construção, tomando consciência de si como um agente histórico e percebendo que os indivíduos constroem a história com base nas condições determinadas pelo contexto em que vivem.

De acordo com o que estudamos neste capítulo, podemos perceber que a noção de tempo, por mais complexa e abstrata que seja, pode e deve ser trabalhada nas primeiras etapas do processo de escolarização. Assimilando de forma adequada essa noção, futuramente, no decorrer de sua escolarização, a criança terá condições de perceber a história como um processo e uma construção, rompendo com o caráter factual e estático que, muitas vezes, está presente nos materiais didáticos de História.

Atividades

1. O tempo histórico caracteriza-se:
   a. por ser o tempo marcado pelo relógio e pelo calendário, ou seja, não apresenta variação nem no espaço nem no tempo.

b. pelos aspectos socioculturais que uma sociedade apresenta em determinado período, ou seja, está associado à ação humana e ao conjunto de relações sociais, econômicas, políticas e culturais que vigoram em determinada época.

c. por ser um tempo que já passou e que nunca mais voltará, e seu estudo serve como uma forma de incentivar a curiosidade das crianças.

d. por ser um tempo subjetivo, isto é, o tempo de nosso organismo, percebido por nossas sensações. Assim, o tempo de prazer passa mais rápido, o tempo de aborrecimento passa mais devagar.

2. Quando trabalhamos com a noção de tempo nas primeiras etapas da educação formal, deve ficar claro para os alunos:

   a. que só existe uma maneira de marcar o tempo – aquela dada pelo tempo objetivo, isto é, a do tempo marcado pelo relógio e pelo calendário.

   b. que tempo histórico e tempo cronológico são a mesma coisa.

   c. que as medidas formais (relógio e calendário) não são as únicas capazes de marcar o tempo; também existem maneiras diferentes ou informais de contá-lo, uma vez que as medidas de tempo obedecem a padrões culturais, variando de acordo com as sociedades e o período histórico.

   d. que o tempo é uma medida objetiva e não variável, sendo importantíssimo que o aluno que se encontra nesses níveis da educação aprenda a ter controle total sobre as maneiras formais de contar o tempo.

3. Sobre os trabalhos com história oral, é importante:

   a. que se entenda que eles não representam um trabalho científico, pois são feitos, principalmente, com base nos relatos fornecidos por pessoas comuns, as quais não têm influência nos rumos mais amplos que a sociedade toma.

b. que o professor deixe claro que os trabalhos são feitos por historiadores profissionais, com base em técnicas sofisticadas de análise, sendo impossível desenvolver esse tipo de atividade nessa etapa da educação.

c. que as crianças visualizem a impossibilidade de mudança com a passagem do tempo, pois a situação em que elas se encontram é a mesma situação em que seus parentes mais velhos sempre se encontram, fato que elas podem percebem pelos relatos que estes fornecem.

d. que as crianças assimilem a dimensão de passado e da passagem do tempo como um fator de mudança, com base nas lembranças dos fatos de sua vida e da vida de seus familiares ou pessoas próximas.

(5)

A noção de espaço no ensino de História e Geografia

Leandro Jesus Basegio
Renato da Luz Medeiros

A noção de espaço é aprendida ao longo do desenvolvimento do indivíduo. As crianças, de um modo geral, quando ingressam na escola, trazem consigo determinado entendimento espacial, o qual foi construído desde o seu nascimento, por meio de suas próprias experiências e do aprendizado que obtiveram com seus pais e demais familiares.

Entretanto, no momento em que se dá o ingresso da criança na escola, essa noção, em seu sentido formal, é ainda pouco desenvolvida. Para que possa estabelecer uma nexo relacional com as disciplinas de História e Geografia, é necessário que haja um redimensionamento estrutural e cognitivo, o que lhe possibilitará fazer ligações e relações com o tempo e o espaço, por meio dos conteúdos ministrados.

Neste capítulo, procuraremos apresentar de forma breve o que representa a noção de espaço. Também buscaremos ver como essa noção é, aos poucos, construída pela criança e qual o significado desse aprendizado nas etapas iniciais da escolarização.

(5.1)
A noção de espaço e o desenvolvimento cognitivo da criança

As crianças, na condição de seres em processo de desenvolvimento, possuem percepções diferenciadas da realidade que as cerca. O mundo não é visto por elas da mesma maneira que os adultos o veem. Isso decorre do fato de estarem construindo os mecanismos mentais que no futuro viabilizarão uma outra compreensão do mundo a sua volta.

É importante que o professor tenha em mente que a assimilação da noção de espaço é feita por etapas, ou seja, sua construção ocorre paulatinamente, de acordo com as fases do desenvolvimento cognitivo. Vejamos o quadro a seguir.

Quadro 5.1 – Etapas do desenvolvimento cognitivo e da percepção do espaço

Etapas	Características
1. Espaço perceptivo ou espaço da ação (aproximadamente até os 2 anos)	• Primeiras noções de espaço: próximo, dentro, fora, em cima, embaixo. • Espaço prático: construção por meio dos sentidos e dos próprios deslocamentos. • Organização e equilíbrio por meio da ação e do comportamento.
2. Espaço representativo	• Início: com o aparecimento da função simbólica, ou seja, com a capacidade de substituir uma ação por um símbolo ou signo; basicamente com o surgimento da linguagem. • Capacidade de interiorização das ações.
2a. Espaço intuitivo	• Representações estatísticas e irreversíveis. Ex.: ordena objetos (ordem direta), mas não consegue representar a inversão (ordem indireta).
2b. Espaço operatório (ações coordenadas com base em um referencial. Ex.: à esquerda de; à direita de.)	• Representações móveis e reversíveis. Ex.: representa um itinerário de ida e volta (relação de ordem espacial). • Obs.: o desenvolvimento do espaço representativo permite à criança a passagem da ação para a operação.

Fonte: Antunes; Menandro; Paganelli, 1993.

Um exemplo de como as crianças têm uma noção espacial completamente distinta daquela que apresentam os adultos pode ser verificado da seguinte forma: basta perguntar para uma criança, de uns 6 ou 7 anos, sobre a largura de uma determinada rua ou sobre a altura de um prédio de quatro andares, por exemplo. Muito provavelmente essa criança dirá que a rua é bem larga, grande e que o prédio é muito alto. Contudo, se essas mesmas perguntas forem feitas quando esta já for adolescente, período em que a capacidade operatória já foi desenvolvida, certamente, aquela rua já não será descrita como tão larga e grande e o prédio também não terá mais aquela altura que antes parecia imensa.

É muito natural que a criança tenha uma compreensão e uma percepção espacial distintas, pois diante do mundo das coisas ela é muito pequena e, dentro do seu mundo, as relações espaciais de comparação que construiu como parâmetro também são muito pequenas.

Dessa forma, o professor, ao lecionar para crianças de séries iniciais, deve ter em conta que a noção de espaço e o entendimento que elas possuem desse espaço não condiz exatamente com o que ele, professor, percebe e compreende. Ter essa consciência é imprescindível para que possa planejar e ministrar suas aulas.

(5.2)

O espaço como construção social

É fundamental que a criança perceba que o espaço é uma construção social. Essa é uma das principais tarefas da escola, no que diz respeito ao desenvolvimento dessa noção.

> *Quanto à análise do espaço construído e organizado por grupos sociais e sociedades em diferentes momentos da História, esta é iniciada na escola, para a criança começar a ver além*

daquilo que vê fisicamente, concretamente. Ou seja, para ela ver seu bairro, por exemplo, não apenas como um conjunto de prédios, um ao lado do outro, mas como um espaço organizado socialmente: a igreja fica ali, as casas de comércio ficam no centro do bairro, é no centro também que ficam as casas melhores, melhores equipadas [sic], na periferia ficam as casas mais pobres, e assim por diante. (Antunes; Meneandro; Paganelli, 1993, p. 45)

O espaço e a História

Vejamos o caso da disciplina de História, a qual trabalha com eventos ocorridos no passado e na conjuntura presente, buscando um melhor entendimento e compreensão do mundo dos fatos produzidos pelo homem e também, ao mesmo tempo, procurando identificar sinais que possibilitem uma projeção possível para a conjuntura futura.

Os acontecimentos históricos sempre estão ligados a inúmeros fatores que dizem respeito à natureza e ao contexto local em que ocorrem (espaço). Por exemplo: se o professor estiver trabalhando a colonização do estado[a] em que vive, é importante que ajude os alunos no entendimento e na compreensão a respeito do tamanho desse estado, mas não adianta apenas informar em números sua extensão e espacialidade. É necessário que, juntos, professor e alunos construam parâmetros de referências que possibilitem o estabelecimento de relações dentro

---

a. O termo *estado* é utilizado aqui no sentido de divisão geopolítica de um país e não com a conotação de organização político-administrativa, como, em *Estado brasileiro*. Quando se refere ao sentido de organização social político-administrativa, normalmente a palavra é grafada com a inicial maiúscula.

do próprio espaço observado e dele em relação a outros espaços, para que alcancem um melhor entendimento a respeito deste.

Sabemos que qualquer sociedade traz consigo as marcas do local que ocupa. Sua cultura, seus costumes, sua economia, sua organização política e social, em suma, toda a estrutura que a compõe é marcada direta ou indiretamente pelas características espaciais da região em que está situada.

Uma maneira de facilitar esse trabalho de reconhecimento da construção social do espaço e, também, torná-lo agradável e prazeroso para os alunos e o professor é propor a construção de maquetes das cidades nas quais a colonização começou e, dessa forma, ir expandindo.

A construção dessas pequenas cidades ou vilas, umas maiores e outras menores, certamente possibilitará aos alunos uma melhor compreensão a respeito do espaço que ocupam no estado onde habitam.

Essa atividade ajuda as crianças a perceberem que o espaço é uma construção social, feita pelos homens na busca de responder a suas necessidades diárias, impostas na luta pela sobrevivência. Ou seja, o espaço está ligado à produção e à reprodução da própria sociedade, implicando questões relativas à estrutura social e às relações que se verificam.

Além disso, esse trabalho possibilita a construção do conceito de unidade, pois as vilas, os bairros e as cidades estão dentro de um estado, que, por sua vez, está dentro de um país. Assim, a união dos estados forma uma unidade maior, um todo, compondo uma nação, em que todas as partes estão relacionadas e influenciam-se mutuamente.

O espaço e a Geografia

Quando pensamos a questão do espaço, principalmente em relação à disciplina de Geografia, devemos levar em consideração o entendimento subjetivo que a criança tem da paisagem do lugar em que vive, pois essa construção é muita rica e cheia de significados para o processo de ensino-aprendizagem.

A disciplina de Geografia deve ser estudada buscando-se a compreensão do todo. Nesse sentido, os nexos relacionais que se estabelecem no conjunto curricular são muito importantes. Os estudos históricos, por exemplo, devem estar correlacionados para que se chegue a uma melhor explicação do objeto apresentado aos alunos.

Da mesma forma, a disciplina de ciências deve estar integrada ao contexto de Geografia, para que a compreensão dos educandos seja a mais completa possível, no que se refere à construção dos significados e à noção do espaço.

A paisagem é um elemento crucial para que os alunos possam construir uma noção coerente de espaço. Assim, o território e os limites territoriais de uma determinada região e/ou localidade devem ser abordados. Entretanto, o professor deve levar em conta a faixa etária dos alunos para os quais está apresentando os conteúdos, como também redobrar seus cuidados para não tornar as explicações inacessíveis, pois trabalhar conceitos como *território*, *lugar* e *espaço* pode muitas vezes ser complexo e, por isso, é importante considerar a série, a etapa e/ou o ciclo em que as crianças se encontram para fazer o recorte dos conteúdos que serão ministrados.

(5.3)
Como trabalhar a noção de espaço?

As crianças têm uma melhor compreensão do mundo que as cerca e daquilo que lhes é ensinado se puderem sentir, ver, ouvir e tocar. Por isso, é importante que haja, sempre que possível, a construção de parâmetros por meio de trabalhos práticos de exploração do espaço. Isso facilita o entendimento por parte dos alunos daquilo que está sendo ensinado e também ajuda o professor no desenvolvimento dos conteúdos e na construção do conhecimento.

A noção de espaço que se deseja que as crianças desenvolvam não visa a que tenham uma exatidão completa do que significa o espaço em seu sentido literal, até porque não haveria como atingir esse objetivo. O que se busca, é que elas possam ter uma visão mais completa sobre o espaço e que as percepções e distorções equivocadas (referentes ao espaço), que porventura construam, sejam passíveis de ser corrigidas.

Uma maneira de se abordar a questão da paisagem e do espaço construído pelo homem dentro de determinado lugar é proporcionar às crianças um contato direto com uma paisagem, percebendo esta como um espaço construído. Nesse sentido, uma boa maneira de trabalhar esses conceitos é levar os alunos a um lugar mencionado em aula, fazendo-os ter esse contato e possibilitando que abstraiam[b]

---

b. *Abstrair*, aqui, significa a capacidade de separar mentalmente, de forma racional, as características verificadas em determinado fenômeno ou local, isto é, observar os padrões de ocorrência, suas regularidades e irregularidades; em síntese, trata-se de separar, mentalmente, as propriedades do fenômeno ou local que emergem, por meio da observação.

esse entendimento, que é muito subjetivo. Um meio muito eficaz para isso é a realização de estudos de campo, como uma visita a um parque que seja importante para a comunidade e que represente a transformação da paisagem, sua modificação feita por indivíduos e por grupos sociais.

Esse trabalho, além de ser muito gratificante para os alunos, pois é uma atividade realizada fora dos muros escolares, será também muito enriquecedora do ponto de vista do processo de ensino-aprendizagem, já que a percepção, a visualização e a vivência são elementos de vital importância para a solidificação e a assimilação dos conceitos, tanto no ensino de Geografia como no das demais disciplinas do ensino fundamental.

Diferentemente do que acontecia em um passado não muito distante (quando o estudo da geografia era empregado de forma estanque, e apenas sob o prisma das estruturas físicas, e sem nexo com as questões sociais – geografia tradicional), hoje a geografia trabalha com diversos enfoques que estão intimamente ligados à história, à sociologia, à biologia e até mesmo ao direito.

O objeto de estudo da geografia não se limita mais às questões físicas do solo, da hidrografia e dos limites territoriais e geográficos dos municípios, dos estados e das nações. Abrange também a dinâmica dos grupos sociais, as transformações operadas pelo homem ao longo da história, nos diversos níveis em que este interage com o meio onde vive.

Dessa forma, a geografia desempenha um importante papel na compreensão dos processos de interação do homem com a natureza e com a sociedade. Portanto, todos os fatores relacionados ao homem e ao meio estão interligados e fazem parte do objeto de pesquisa da geografia.

Todos os elementos que constituem o espaço fazem parte da paisagem e também geram efeitos, não só ambientais, mas também políticos, econômicos e sociais. Assim, por exemplo, a propriedade privada é um conceito socialmente entendido e aceito pela sociedade e pelos grupos sociais que nela coexistem. Dessa forma, o território, entendido como propriedade pela sociedade, é definido pela representação de posse da terra, a qual se estabeleceu por meio de leis criadas pelo homem e legitimadas pela sociedade para garantir e estabelecer os critérios de ordenamento vigentes no contexto social.

O ensino de Geografia compõe muitas categorias de estudo, como já mencionamos anteriormente, e, dentro desse leque de elementos, o espaço geográfico é o centro de interesse da disciplina, mas nem por isso se deve dar menos importância às demais categorias de estudo, já que devemos buscar sempre a relação entre os demais elementos, pois estes compõem um todo e, em última instância, complementam-se.

Nesse sentido, o território assume um significado fundamental dentro do contexto espacial, quando estudamos a sua conceitualização, a qual está ligada à formação econômica e social de um estado.

O professor, contudo, deve se precaver no sentido de tornar o ensino acessível às percepções que os alunos do ensino fundamental possuem; não adianta apresentar uma série de conceitos complexos e extremamente sofisticados para crianças das séries iniciais, pois isso não se adequaria à faixa etária nem ao propósito da disciplina, que é permitir que os alunos construam aos poucos, à medida que o conhecimento for aumentando, um conceito que lhes seja compreensível e suficientemente capaz de responder aos objetivos da disciplina.

Trabalhando a noção de espaço como uma construção social

Estudar a questão da espacialidade territorial implica, sem sombra de dúvida, a observância, a análise e a compreensão de que existe uma inter-relação de convivência em um mesmo espaço. Ou seja, existe uma convivência espacial, nem sempre harmônica, de povos, culturas, crenças, sistemas de pensamentos, simbologias, concepções ideológicas e políticas que compõem o território onde vivemos e que definem a noção de espaço. Esse entendimento é fundamental para que o professor possa elaborar os planos de estudo a serem adotados em sala de aula.

O estudo do espaço possibilita aos alunos a compreensão de sua posição dentro do tecido social e suas relações com a sociedade e a natureza. Ao mesmo tempo, permite que eles adquiram um outro olhar sobre os conceitos e os valores estabelecidos pelo grupo, mas, sobretudo, fornece fundamentos para que possam compreender como suas ações individuais e coletivas produzem efeitos em relação à política, à economia, à sociedade e ao meio ambiente, o qual se transforma de acordo com a interferência humana.

A percepção da condição do homem como um ser transformador do mundo em que vive é muito importante para que possamos determinar as ações do nosso cotidiano. As crianças precisam descobrir que também são agentes desse processo de transformação. Por isso, é importante desenvolver com os alunos esse conceito, principalmente por meio de atividades que os levem a compreender a importância do papel que exercem no espaço social em que estão inseridos. Analisar as interferências do homem no espaço requer que o professor ofereça aos alunos atividades diversas, com base nas quais eles possam ver de forma clara e prática e percebam-se também como atores nesse processo.

Uma atividade que, certamente, pode dar uma boa noção sobre a atuação do homem no meio em que vive é propor aos alunos um trabalho de pesquisa com familiares e vizinhos. Para tanto, é necessário que o professor ajude a elaborar algumas perguntas para serem aplicadas, questionando, por exemplo, nome, endereço, tempo em que a pessoa reside no local, como era a região quando ela veio se estabelecer ali, entre outras.

Após a realização das entrevistas, o professor pode comparar as respostas trazidas pelos alunos com a realidade atual do bairro e/ou da cidade. Esse exercício é de grande ajuda para que o professor possa demonstrar aos alunos como a intervenção do homem no espaço físico e social, ao longo do tempo, transforma o meio.

Conforme Nidelcoff (1985, p. 12), a geografia tem que propiciar à criança a compreensão da relação do indivíduo com o meio em que vive.

> Realmente, a geografia deve ajudar a criança a captar a inter-relação do homem com o meio, começando pelo seu próprio meio para em seguida estender o olhar para outros meios diferentes. O primeiro passo da criança na Geografia está nesta percepção da vida que se agita à sua volta. Resumindo: fazer o "estudo do meio" é, em parte, fazer Geografia, empregando o método que esta emprega: a observação direta.

Portanto, possibilitar que as crianças analisem o contexto espacial e social do qual fazem parte – além de viabilizar que elas mesmas elaborem suas percepções a respeito do meio – permite que criem um vínculo com a disciplina, pois, como bem salienta Nidelcoff, elas estarão fazendo a geografia e isso é importante se realmente desejamos que nossos alunos construam o próprio conhecimento e não que apenas sejam meros receptáculos de informações desconexas da realidade e sem significados práticos na vida cotidiana.

Cabe ao professor construir a noção de espaço com os alunos, e não apenas dizer-lhes, por meio de conceitos preexistentes e com termos técnicos, o que é o espaço.

(.)

Ponto final

Lembre-se:

- É fundamental que a criança perceba que o espaço é uma construção social, sendo esta uma das principais tarefas da escola no que diz respeito ao desenvolvimento dessa noção.
- É importante que o professor tenha em mente que a assimilação da noção de espaço é feita por etapas, ou seja, é construída de acordo com o desenvolvimento cognitivo da criança.
- O espaço está ligado à produção e à reprodução da própria sociedade, estando nele implicadas questões que dizem respeito à estrutura da sociedade e das relações sociais que nele se verificam.
- As crianças têm uma melhor compreensão do mundo que as cerca e daquilo que lhes é ensinado, se puderem sentir, ver, ouvir e tocar. Por isso, é muito importante que haja, sempre que possível, a construção de parâmetros, mediante trabalhos práticos de exploração do espaço.

- A geografia desempenha um importante papel na compreensão dos processos de interação do homem com a natureza e com a sociedade.
- Todos os elementos que constituem o espaço fazem parte da paisagem e também geram efeitos, não só ambientais, mas também políticos, econômicos e sociais.
- O estudo do espaço possibilita aos alunos a compreensão de sua posição dentro do tecido social e suas relações com a sociedade e a natureza.
- A percepção da condição do homem como um ser transformador do mundo em que vive é muito importante para que possamos determinar as ações do nosso cotidiano.
- Analisar as interferências do homem no espaço requer que o professor oportunize aos alunos atividades diversas, por meio das quais eles possam ver de forma clara e prática essa interferência e percebam-se também como atores nesse processo.
- A disciplina de Geografia tem de propiciar à criança a compreensão da relação do homem com o seu meio.
- Cabe ao professor construir a noção de espaço com os alunos, e não apenas dizer-lhes, por meio de conceitos preexistentes e com termos técnicos, o que é o espaço.

Compreendemos que é fundamental que o professor procure trabalhar com seus alunos a noção de que o espaço e a paisagem são construções sociais, pois isso levará o educando a desnaturalizar seu meio, percebendo a rede de relações sociais em que está envolvido e que, embora sejam determinadas por contextos maiores, têm influência direta na sua vida cotidiana.

Atividades

1. Em relação ao espaço, habitado e construído pelo homem ao longo de sua história, é correto afirmar que:
   a. o homem atua como um agente transformador do espaço em que vive e, ao transformá-lo, modifica a paisagem e o modo como se relaciona com o meio, o que afeta a sua própria existência.
   b. o homem não interfere no espaço, e suas ações não modificam a paisagem; ele, tampouco, é afetado pelo meio.
   c. a noção de espaço é uma ideia vaga e não se pode percebê-la, pois é muito subjetiva e só pode ser concebida no mundo das ideias.
   d. a noção de espaço a que nos referimos é aquela que diz respeito à localização dos planetas, dos satélites e dos astros do sistema solar.

2. Pode-se afirmar que a construção da noção de espacialidade:
   a. não possui relação com o processo de ensino-aprendizagem vivido pelas crianças na escola.
   b. é uma noção adquirida após o término do ensino médio.
   c. é uma noção que já nasce com a criança e não sofre influências externas, pois é parte integrante da essência de todos os indivíduos.
   d. é uma noção que começa a ser construída no ambiente familiar e se complementa na escola, que, aos poucos, vai fornecendo à criança os conhecimentos e os mecanismos para o seu desenvolvimento.

3. As crianças têm uma melhor compreensão do mundo que as cerca e daquilo que lhes é ensinado, se:
   a. em todas as aulas realizarem atividades de cálculos e comparações estatísticas com números.
   b. receberem as informações do professor e, com muitos exercícios, memorizarem os conceitos e as informações.
   c. sentirem, virem, ouvirem e tocarem; por isso, é muito importante que haja, sempre que possível, a construção de parâmetros por meio de trabalhos práticos de exploração do espaço.
   d. o professor trabalhar a ideia de espacialidade apenas com a demonstração de mapas e com escalas.

(6)

As disciplinas de História
e Geografia e a construção
da realidade social

Leandro Jesus Basegio
Renato da Luz Medeiros

Uma das tarefas mais difíceis, mas também uma das principais funções das ciências humanas, dentro dos currículos escolares, é DESNATURALIZAR aquilo que é dado como real e concreto, de modo a levar os indivíduos a questionarem o meio e a sociedade em que vivem, entendendo que são uma CONSTRUÇÃO, resultados de ações do passado, mas que a compreensão disso, somada ao trabalho cotidiano, permite pensar novas possibilidades para o futuro. Em outras palavras, cabe às ciências humanas levar os alunos a pensarem sobre sua realidade de maneira crítica.

Nesse sentido, é tarefa de qualquer professor, principalmente ao trabalhar com as ciências humanas, incitar os alunos a questionarem sua realidade, buscando apresentar-lhes meios para que se libertem de um pensamento estático, que concebe o mundo como pronto e acabado, em suma, que percebe a realidade como algo dado.

Quando dizemos que o mundo social é o resultado de uma construção, o que queremos afirmar é que ele é fruto da ação humana, realizada em um espaço e tempo específico, que determina em grande medida, a forma que a realidade assume. Entende-se, portanto, que a sociedade, tal como se apresenta hoje para nós, nem sempre foi assim e não continuará da mesma forma. Há uma pluralidade de realidades possíveis, e esse pressuposto nos serve como base para pensarmos em que medida a configuração social atual atende aos interesses de determinados grupos que compõem a sociedade.

Neste capítulo, procuraremos analisar como o espaço e o tempo são construções sociais e como essa percepção configura-se como um elemento determinante para a análise crítica da realidade social. Desenvolver essa consciência significa adquirir competência para buscar a transformação da realidade. Em síntese, representa, em nosso entender, formar-se como cidadão – como SUJEITO DA AÇÃO, capaz de compreender as circunstâncias que determinam o seu meio e a sociedade, de forma mais ampla, com isso buscar a transformação, romper a homogeneização e o pré-estabelecimento de papéis que servem apenas para consolidar a ordem vigente e para atender aos interesses das classes dominantes.

(6.1)
A construção da realidade social

A realidade social é fruto da ação humana. Os indivíduos, organizados em sociedade, produzem, ao longo do tempo e do espaço, a realidade na qual vivem. Logo, podemos dizer que a forma como a sociedade está organizada no presente é resultado de fatos ocorridos no passado.

Partindo dessa perspectiva, vemos que a realidade não é dada, mas construída socialmente. Não há um único caminho possível, múltiplas possibilidades se desenham.

Qualquer sociedade é composta por grupos. Esses grupos, apesar de buscarem a harmonia, vivem em conflito. Nesse sentido, podemos dizer que o conflito é gerador da realidade, pois é por meio da disputa entre os grupos sociais que a ordem social se estabelece.

Leis, costumes, moral, normas, enfim, tudo aquilo que define e delimita os comportamentos sociais é o resultado da afirmação de valores, que, sabemos, correspondem aos interesses dos grupos que controlam a sociedade, pois a moral dominante, em qualquer sociedade (ao menos aquela legitimada pelo sistema jurídico), em qualquer local ou tempo, é a moral determinada pelas classes dominantes.

Partindo do que foi enunciado, qual seria então o papel da escola e do professor ao trabalhar com as ciências humanas nas etapas iniciais da escolarização?

Nidelcoff (1985) nos oferece uma boa definição do que representa essa tarefa:

> De acordo com isso, a função da escola seria então:
> - dar INSTRUMENTOS às crianças: para a ANÁLISE DA REALIDADE de EXPRESSÃO;
> - iniciá-las na experiência da REFLEXÃO e da AÇÃO EM GRUPO.
>
> dar instrumentos para a análise da realidade", dentro de um aspecto desta realidade, aquele que levará os alunos a se conhecerem através do conhecimento dos outros homens em geral: os homens da sua localidade, do seu tempo, de outras localidades, de outros tempos. (Nidelcoff, 1985, p. 7, grifo nosso)

Pois bem, se a função da escola é despertar no aluno essa capacidade reflexiva, nada melhor do que partir da reflexão sobre o próprio meio em que vivem. Antes de formular conceitos, antes de trabalhar com noções que são complexas e abstratas, em primeiro lugar, devemos abordar o que é concreto para o aluno.

Analisar em sala de aula as relações cotidianas vividas pelo aluno possibilita a este construir seus próprios conceitos, com os quais vai interpretar e compreender sua própria realidade como operar sobre ela.

A perspectiva construtivista

Em sua *Pedagogia do oprimido*, Paulo Freire (1987) já havia colocado que a educação que percebe a realidade como dada e os alunos como receptores de um saber verdadeiro, ofertado pela escola, serve à alienação. É justamente por meio da percepção da REALIDADE COMO UMA CONSTRUÇÃO SOCIAL que conseguimos ultrapassar essa limitação presente na educação tradicional.

Assim, se pretendemos trabalhar dentro de uma PERSPECTIVA CONSTRUTIVISTA, não só no campo da educação, mas também em nossa própria vida, atuando como cidadãos que convivem em sociedade, devemos tomar como pressuposto básico que:

> Em uma perspectiva construtivista, as realidades sociais são apreendidas como construções históricas e cotidianas dos atores individuais e coletivos. [...] A palavra construção remete ao mesmo tempo aos produtos (duráveis ou temporários) das elaborações anteriores e aos processos em curso de reestruturação. A historicidade constitui então uma noção maior para os construtivistas, sob um triplo aspecto: 1°) o mundo social se constrói a partir das pré-construções passadas; nesse ponto seguimos Marx: "os homens fazem sua própria história, mas eles não a fazem arbitrariamente, em condições escolhidas por eles, mas em condições diretamente dadas e herdadas do passado"; 2°) as formas sociais passadas são reproduzidas, apropriadas, deslocadas e transformadas enquanto outras são inventadas, nas práticas e nas interações (face a face, mas também telefônicas, epistolares etc.) da vida cotidiana dos atores; 3°) esta herança passada e este trabalho cotidiano abrem-se sobre um campo de possibilidades no futuro; [...]. (Corcuff, 2001, p. 26-27)

Uma vez que já entendemos a realidade social como algo construído pela ação humana, podemos passar à segunda questão, que diz respeito ao trabalho com as disciplinas que compõem o conjunto das ciências humanas no ambiente escolar, tendo como base para nossa discussão as etapas iniciais do processo de escolarização: a educação infantil e as séries iniciais do ensino fundamental.

(6.2)

A construção da realidade e o conhecimento escolar: os casos da História e da Geografia

Os conteúdos presentes nas disciplinas de História e Geografia formam a base para que as crianças compreendam como o meio em que vivem se relaciona com os mais distantes, seja no espaço ou no tempo.

Nesse sentido, acreditamos que uma atenção especial deve ser dada à noção de construção social da realidade, pois isso permite ao aluno desenvolver uma reflexão mais crítica a respeito dos elementos que compõem o seu meio, superando a ideia de que a realidade social é algo natural.

O trabalho com a História

Primeiramente precisamos considerar que, ao trabalhar conteúdos de História no ambiente escolar, o objetivo principal não deve ser recuperar o passado, mas construí-lo, com base em preocupações do presente – o que, necessariamente, tem implicações na vida dos indivíduos envolvidos nesse processo, bem como na sociedade em que estão inseridos.

Diante disso, percebemos a importância de analisar criticamente o material didático-pedagógico que nos chega às mãos, normalmente pré-selecionado pelos órgãos de governo responsáveis por gerir a educação.

Sabemos que todo governo representa um projeto político que está adequado a uma visão de mundo que seus integrantes consideram como a mais correta. Em outras palavras, todo governo está ligado a uma orientação ideológica, pela qual pauta as suas ações, entre as quais se encontra a de promover a educação.

Em outro momento, nesta mesma obra já tivemos a oportunidade de discutir a objetividade do conhecimento histórico. Nessa ocasião, pudemos considerar que ocorre o que chamaremos de *falácia da objetividade*, a saber: nenhum conhecimento produzido é neutro, isto é, todo pesquisador que produz algum conhecimento, principalmente no campo das ciências humanas, tem uma posição e, quando fala, o faz com base em pressupostos que carrega consigo.

Diante disso, consideramos que a análise crítica do material didático-pedagógico é um cuidado que todo professor deve ter, uma vez que seu objetivo é promover uma educação para a cidadania, visando fornecer condições para que os alunos aprendam a relacionar fatos do passado com os do presente cotidiano e, com isso, adquiram competências para agir sobre a sua realidade.

> *Entendemos que Estudos Sociais precisa fazer parte do currículo como elemento indispensável, que reflita o dia a dia do aluno, e não como mero cumprimento de normas da escola. É preciso primeiro que o próprio professor encontre sentido nos conteúdos que pretende ensinar. Se ele "ensina" só porque está no programa (e pergunta-se: que programa? Quem o fez? O livro didático o determinou?), melhor que nem tente ensinar.*
>
> *Os conteúdos esvaziados de significado precisam ser substituídos por aqueles que auxiliam na construção do conhecimento pelo sujeito que aprende. Para tanto, não se pode trabalhar dados, fatos isolados e datas de forma linear e dicotômica. É preciso sempre desafiar as crianças a estabelecer relações em situações vivenciadas a fim de que todo conteúdo tenha aplicabilidade na vida concreta.* (Castrogiovanni; Fischer, 1989, p. 84)

É importante chamarmos a atenção para esse ponto, pois grande parte dos trabalhos desenvolvidos com crianças da educação infantil e das séries iniciais, quando se referem aos conteúdos de História, centram-se apenas nas chamadas *datas comemorativas e cívicas* (Dia do Índio, Descobrimento do Brasil, Abolição da Escravatura, Proclamação da Independência, Proclamação da República etc.).

Então, no Dia do Índio, os alunos são pintados; apresenta-se a eles a ideia de um índio que não existe mais; e são feitos trabalhos que representam as atividades tradicionais atribuídas ao cotidiano dos povos indígenas, mas que também já não correspondem a realidade, como, por exemplo: o índio caçando, pescando, vivendo em uma oca.

O mesmo acontece no que se refere à questão do negro e da escravidão. É "ensinado" às crianças que: em 13 de maio de 1888, a Princesa Isabel assinou a Lei Áurea, acabando com a escravidão no Brasil. Assim, a criança memoriza a data, mas não desenvolve uma análise crítica do que o acontecimento representa nem da conjuntura em que se deu.

Pois bem, aqui se coloca uma questão:

> *Qual a utilidade prática desse trabalho para a construção da cidadania?*

É necessário que sejam colocadas questões que estimulem o aluno a pensar a respeito da realidade. Para tanto, devemos partir daquilo que hoje se verifica em relação a essas questões e que estão presentes no próprio cotidiano das crianças.

Melhor seria se oferecêssemos um exercício de comparação, questionando, por exemplo: Como vivem hoje os índios (ou os negros/as mulheres etc.) brasileiros? Como eles viviam no passado, antes da chegada do colonizador? Por que os índios (ou os negros/as mulheres etc.) se encontram nessa atual situação?

Nas questões referentes aos negros e à escravidão, a recomendação é a mesma. É importante também estabelecer relações com o mundo do trabalho, uma vez que a grande maioria das crianças com as quais desenvolvemos nossas atividades docentes são filhos da classe trabalhadora.

Cabe questionar com nossos alunos: O que foi a escravidão? Hoje ainda existe escravidão? Por que determinados tipos de trabalho (principalmente os braçais) são tão desqualificados na sociedade? Como os negros (ou os índios/as mulheres etc.) são representados na TV? Quais as posições sociais ocupadas pelos negros (ou pelos índios/pelas mulheres etc.) em nossa sociedade? Quais são os negros em destaque em nossa sociedade e quais as atividades que exercem?

Há uma gama enorme de atividades e questões que podem ser desenvolvidas. O importante é trabalhar de maneira crítica e relacional, levando o aluno a questionar aquilo que para ele se apresenta como dado.

Ao pensar sobre as posições ocupadas por negros e índios em nosso meio social (como foi trabalhando aqui em nosso exemplo), o aluno consegue perceber que a conjuntura atual é fruto de fatos ocorridos no passado, ou seja, é uma construção determinada pelas circunstâncias históricas, que não são naturais, mas frutos da ação humana. Em outras palavras, não se trata de um único caminho possível, mas sim de escolhas feitas e caminhos tomados pela sociedade, devido a conflitos entre os grupos que a compusera ou ainda a compõem.

Nesse sentido, é também importante que o professor busque compreender quais concepções os alunos possuem a respeito dos temas que são trabalhados, pois, com base nisso, poderá reconhecer quais são as construções trazidas pelos alunos a respeito de determinado conteúdo, o que, certamente, trará pistas de como desenvolver seu trabalho.

Diante do que foi exposto, associamo-nos à seguinte ideia sobre o papel do ensino de História no ambiente escolar:

> *A história concebida como um saber que não se limita a descrever fenômenos aparentes. Mas uma história crítica, que reconstitui a ação dos homens ao longo do tempo, em suas diversas formas de organização social. Um ensino de história que busque explicar a realidade como uma totalidade complexa, articulada em várias instâncias, porém possível de ser compreendida sempre que houver ênfase na análise de relações entre os fatos e o contexto mais amplo.* (Castrogiovanni; Fischer, 1989, p. 83)

Em suma, o objetivo maior de qualquer atividade relacionada aos conteúdos de História é levar os alunos a compreender a realidade histórica como uma construção, como algo que foi gerado pelos indivíduos sob determinadas circunstâncias, as quais mudam com o passar do tempo e por meio da ação resultante dos conflitos entre os diversos grupos sociais da sociedade, que estão organizados em função da tarefa de fazer valer suas representações sobre o que deve ser a realidade social.

O trabalho com a Geografia

Agora passemos a analisar questões referentes à Geografia. O centro das preocupações dessa disciplina, na qualidade de ciência, é o espaço, mas não apenas o espaço natural, e sim o espaço construído pela ação humana, o

ESPAÇO GEOGRÁFICO. Este, por sua vez, é fruto de uma cultura e o resultado intencional da ação de diversos grupos sociais, que travam lutas para garantir a sobrevivência com base na exploração desse próprio espaço. Assim,

> *O cerne desta ciência, contraditoriamente à própria gênese da palavra, não é, no nosso ponto de vista, nem a Terra (= geo) nem tampouco a descrição (= grafia), mas sim o "espaço geográfico" entendido como aquele espaço fruto do trabalho humano na necessária e perpétua luta dos seres humanos pela sobrevivência. Nessa luta, o homem usa, destrói/constrói/modifica a si e a natureza. "O homem faz a geografia à medida que se faz humano, ser social".*
>
> *Fica claro que a relação sociedade-natureza é indissociável/ eterna (logo não há porque [sic] se falar em geografia física se contrapondo à geografia humana). A prioridade será dada em entender "como e por que os seres humanos modificam o espaço em que habitam" conforme as relações sociais que estabelecem entre si. Entender a dinâmica social é fundamental, pois é a partir dela que se constroem as paisagens. E não existe relação que se dê fora do espaço, que prescinda da natureza.*
> (Kaercher, 2003, p. 11)

Sendo o espaço fruto da ação humana, a preocupação principal do trabalho em sala de aula é fazer com que nossos alunos aprendam a ler e a interpretar esse espaço, em outras palavras, nosso objetivo deve ser o de alfabetizá-los geograficamente. Disso decorre a forte ligação entre a história e a geografia, pois a gênese do espaço possui está ligada a processos históricos que se desenvolveram em determinada região ao longo do tempo, os quais, por sua vez, estão associados a processos mais amplos, de extensão global.

Vejamos o caso da geografia brasileira. O Brasil, a partir do século XVI, constituiu-se como uma colônia de exploração[a] portuguesa. Ao observarmos a distribuição demográfica brasileira, vemos que esta se concentra principalmente na faixa litorânea (podemos verificar que todas as capitais nordestinas, à exceção de Teresina (PI), situam-se no litoral). Pois bem, isso resulta do fato de que o grande montante da produção agrícola e extrativista brasileira sempre foi voltado para a exportação.

A interiorização da população no Brasil apenas ocorreu com a decadência do sistema açucareiro (a partir de meados do século XVII), quando novas alternativas econômicas tiveram de ser buscadas, modificando-se assim a paisagem do interior do território, o qual foi sendo ocupado paulatinamente, à medida que o interesse de exploração econômica se deslocava para novas áreas.

Considerando que o objetivo da Geografia escolar é capacitar o aluno a apreender o significado e a gênese das paisagens, é necessário que ele assimile a noção de que todo e qualquer espaço é uma construção social e, por isso consolida-se com o objetivo de atender aos interesses sociais, políticos e econômicos dos grupos que formam a sociedade.

Nesse sentido, principalmente nas etapas iniciais da escolarização, é fundamental partirmos do espaço vivido

---

a. Por *colônia de exploração* entendemos uma região que é controlada por outra (a qual é sua metrópole) e está submetida às regras do PACTO COLONIAL, sendo a principal delas, talvez, aquela que indica que a função da colônia é enriquecer sua metrópole ao lhe possibilitar a obtenção de uma BALANÇA COMERCIAL FAVORÁVEL. O estabelecimento de colônias de exploração foi a forma encontrada pelos países europeus para enriquecerem rapidamente durante o processo de expansão marítima e comercial (a partir do século XV), atendendo aos objetivos mercantilistas que caracterizavam a economia desses países no período de formação e fortalecimento dos Estados nacionais, no início da Idade Moderna, e que estão na base do processo de acumulação primitiva do capital (Falcon, 1996, p. 79-81).

por nossos alunos, aquele espaço que é mais próximo e, consequentemente, mais concreto.

Um rápido passeio por qualquer cidade nos permite perceber que o espaço contém em si a própria divisão social que está estruturada em nossa sociedade. Favelas, vilas, bairros nobres, zonas industriais, zonas agrícolas são manifestações de fenômenos geográficos, os quais não podem ser apenas descritos, sob pena de NATURALIZARMOS aquilo que é fruto do conflito existente entre os grupos que compõem a sociedade.

Com base nisso, percebemos que a geografia está presente, no cotidiano de nossos alunos. É tarefa do professor buscar atividades que levem os educandos a problematizar esse cotidiano, vendo nele a ação dos grupos humanos ao longo do processo histórico. Em suma, entender o espaço como fruto de uma construção social é a chave para compreender os fenômenos que constituem o espaço geográfico.

(.)

Ponto final

Lembre-se:

- Cabe às ciências humanas DESNATURALIZAR aquilo que é dado como real e concreto, entendendo a realidade como uma CONSTRUÇÃO que é o resultado de construções do passado; a compreensão disso, associada ao trabalho cotidiano, permite pensar novas possibilidades para o futuro.
- Desenvolver essa consciência significa adquirir competência para buscar a transformação da realidade;

representa formar-se como cidadão, como SUJEITO DA AÇÃO, capaz de compreender as circunstâncias que determinam o meio e de pensar a transformação, rompendo com papéis preestabelecidos.

- Antes de trabalhar com noções que são complexas e abstratas (conceitos), devemos partir daquilo que é concreto para o aluno, pois, ao analisar as relações cotidianas, estamos possibilitando que ele construa seus próprios conceitos com os quais vai interpretar e compreender a realidade e, assim, poder operar sobre ela.
- O importante é que se busque trabalhar de maneira crítica e relacional, levando o aluno a questionar aquilo que para ele se apresenta como dado (realidade).
- Quando trabalhamos com conteúdos de História no ambiente escolar, nosso objetivo principal deve ser o de construir o passado, com base em preocupações do presente.
- É importante que o professor busque compreender as concepções que os alunos possuem a respeito dos temas com que está trabalhando, assim poderá perceber quais construções são trazidas por eles a respeito do conteúdo específico, o que oferecerá pistas para o desenvolvimento do trabalho.
- Devemos analisar criticamente o material didático-pedagógico que nos chega às mãos.
- Nenhum conhecimento produzido é neutro, pois todo pesquisador fala de algum lugar, com base em pressupostos que carrega consigo, e já tem uma posição sobre o assunto.
- Na geografia, o centro das preocupações é o espaço, entendido como espaço construído pela ação humana (espaço geográfico).

- A principal preocupação do trabalho em sala de aula com a geografia é fazer com que nossos alunos aprendam a ler e a interpretar o espaço (alfabetizá-los geograficamente).
- Há uma forte associação entre história e geografia, pois a gênese do espaço é ligada a processos históricos que se desenvolveram, ao longo do tempo, em determinada região e que se ligam a processos mais amplos, de extensão global.
- O objetivo da Geografia escolar é capacitar o aluno a apreender o significado e a gênese das paisagens.
- O espaço contém em si a própria divisão social que está estruturada na sociedade, por isso não pode apenas ser descrito, sob pena de NATURALIZAR o social.
- É tarefa do professor buscar atividades que levem os educandos a problematizar o cotidiano, percebendo a ação de grupos sociais sobre o espaço e ao longo do processo histórico, ou seja, cabe ao professor levá-los a entender que o espaço como uma construção social é a chave para a compreensão dos fenômenos que geram o espaço geográfico.

É fundamental que qualquer professor procure despertar no aluno o questionamento sobre a realidade em que está inserido. Portanto, compreender como os conhecimentos de história e geografia nos auxiliam nessa tarefa é o primeiro passo para aquele que visa despertar no aluno uma consciência crítica a respeito da realidade que o cerca.

Atividades

1. Podemos dizer que, em uma PERSPECTIVA CONSTRUTIVISTA, a realidade social é vista:
   a. como algo dado e impossível de ser transformado, uma vez que a evolução do processo histórico segue um único caminho possível.
   b. como construções históricas e cotidianas dos atores individuais e coletivos, sendo que a palavra *construção* remete, ao mesmo tempo, aos produtos (duráveis ou temporários) das elaborações anteriores e aos processos em curso de reestruturação.
   c. como construída pelas grandes personalidades que ocupam cargos de comando dentro dos governos e que definem a forma de vida das pessoas comuns.
   d. como algo isolado do passado, pois a realidade é diária, ou seja, os fatos do passado não têm a mínima influência sobre a conjuntura do presente.

2. Dentro do ambiente escolar, os trabalhos referentes aos conteúdos de História, ligados a uma perspectiva construtivista, devem buscar:
   e. não apenas recuperar o passado, mas construí-lo com base nas preocupações do presente, pois o passado, necessariamente, tem implicações na vida dos indivíduos envolvidos nesse processo, bem como na sociedade em que estão inseridos.
   f. fazer com que os alunos decorem os fatos do passado para que assim possam entender o que está ocorrendo no presente.

g. ignorar os fatos do passado, uma vez que a história se constrói no presente e este é o que realmente tem relevância para o desenvolvimento das crianças.

h. a transmissão de conhecimentos por parte do professor aos alunos, pois as crianças são incapazes de perceber, com base em seus próprios estudos, como o passado influencia a sua vida cotidiana.

3. No que se refere aos trabalhos com os conteúdos de Geografia, dentro de uma perspectiva construtivista, é importante que as crianças:

   a. percebam que as alterações na paisagem são frutos apenas de fenômenos naturais e que a sociedade não possui controle sobre as mudanças que nela se verificam.

   b. percebam que a geografia está presente no cotidiano; as atividades desenvolvidas pelo professor levam os educandos a problematizar esse cotidiano, vendo nele a ação dos grupos humanos ao longo do processo histórico, para que entendam o espaço como produto de uma construção social.

   c. percebam que a realidade social e o espaço geográfico são elementos naturais, isto é, dados ao homem pela graça divina.

   d. analisem primeiro os contextos globais, pois só assim poderão entender como se constrói o espaço geográfico do meio em que estão inseridas.

ated(7)

As ciências humanas
e a construção da cidadania

Leandro Jesus Basegio
Renato da Luz Medeiros

A fim de pensarmos a construção da cidadania, precisamos, antes de qualquer coisa, destacar que só é possível compreender a cidadania, na sua plena concepção, em uma sociedade democrática. Dito isso, devemos fazer um esforço para refletir a respeito da democracia e de seus desdobramentos políticos, econômicos e culturais.

(7.1)
Breve histórico sobre a democracia

A democracia surgiu na Grécia, concomitantemente com o desenvolvimento da pólis, ou cidade-Estado, no período clássico. A pólis era o lugar em que se estabeleciam e asseguravam os direitos e os deveres, definindo-se, assim, a própria cidadania. Entretanto, o que hoje entendemos por cidadania e cidadão é muito distinto do entendimento que se tinha na Grécia clássica.

As cidades-Estado que adotavam o sistema de governo democrático tinham limitações quanto à democracia e à cidadania. Dessa forma, somente o grego nato era considerado cidadão, cabendo a este e a seus iguais a organização política, econômica, administrativa e religiosa da pólis. No sistema democrático desenvolvido pelos gregos, somente o cidadão podia tomar decisões políticas, econômicas e sociais a respeito da pólis; os estrangeiros, os servos, os escravos e as mulheres não tinham direito de participar das decisões políticas e não eram considerados cidadãos da cidade-Estado.

Portanto, a democracia, bem como a cidadania, era extremamente limitada, cabendo apenas ao homem – o grego nato – as decisões políticas e a participação nos negócios da cidade.

Atualmente, a democracia possui características e princípios que se apresentam universalmente, abrangendo todo o núcleo social nas sociedades que adotam o regime democrático para sua organização política, administrativa, econômica e social.

Nas sociedades contemporâneas que adotam esse sistema, a cidadania está intrinsecamente ligada ao desenvolvimento da própria sociedade e é fundamental para a manutenção do sistema democrático.

(7.2) Os pressupostos da democracia

A democracia pressupõe uma série de princípios que fundamentam essa forma organizacional de convivência em sociedade. Os principais são: o direito à vida; à liberdade de expressão; à liberdade de pensamento político e ideológico; à liberdade de credo religioso, além das garantias consagradas pelo Estado, como o acesso à justiça; à educação; e ao pleno desenvolvimento físico, psíquico, cultural e intelectual dos indivíduos.

Todas essas garantias, consagradas ao longo do tempo e do espaço e tão caras para a maioria das sociedades contemporâneas, fundamentam o que se entende atualmente por Estado democrático de direito.

A construção da cidadania não é algo que se consolida da noite para o dia, é um aprendizado que ocorre em tempo integral e acompanha os indivíduos durante toda a existência. Em outros termos, só termina quando o indivíduo dá o último suspiro, ou seja, com a morte do aprendiz.

O processo do desenvolvimento da cidadania é construído desde o nascimento e vai se estabelecendo à medida que crescemos e vamos tomando contato com a civilização que nos cerca e com as conquistas originadas pelo Estado democrático.

É importante destacar que a escola tem um papel muito especial no processo de desenvolvimento da cidadania, que passa a ter significado e valoração ao ingressar no mundo escolar. As crianças, quando entram na escola, passam a receber uma série de informações, conceitos, valores, regras, direitos e deveres que compõem os fundamentos necessários para que possam compreender a importância que a cidadania tem e representa dentro da coletividade e da vida privada.

Os alunos das séries iniciais, assim que começam a conviver em um espaço comunitário e coletivo, como o da escola, passam a pôr em prática algumas noções preexistentes de cidadania, que lhes foram transmitidas pelos pais e demais familiares, entre outros, no mundo privado, com quem convivem diariamente.

Dessa forma, o respeito ao outro, o entendimento do que é certo e errado e o senso de solidariedade são noções básicas que os alunos, em sua maioria, já conhecem e aplicam no cotidiano. Contudo, é depois de ingressarem na escola que as crianças vão, aos poucos, sedimentando a construção da cidadania, por meio da aquisição do conhecimento e da formação que somente a escola, como um espaço pluralista e rico pela diversidade de pensamentos e vivências oriundos de diferentes culturas, pode oferecer.

(7.3)
A escola e a construção da cidadania

Como podemos deduzir, a construção da cidadania passa necessariamente pela escola, pois esta é fundamental para que a criança aprenda a conviver com as múltiplas questões que envolvem o social. Em outras palavras, é na escola, no espaço socializado com os demais colegas, que as crianças estabelecem parâmetros de convivência com a diferença, com a igualdade, com os limites individuais e coletivos e como os direitos e os deveres, que implicam respeito do ordenamento estabelecido pelo Estado para regular a vida em sociedade.

As crianças são muito importantes dentro do processo de construção da cidadania, não apenas por serem os herdeiros das instituições políticas, econômicas e sociais que vêm sendo construídas ao longo dos séculos, mas principalmente por serem os atores que darão continuidade à edificação da cidadania e do próprio Estado.

Quando estimuladas, dentro da escola, por meio do processo democrático e pluralista que envolve o diálogo, o debate e a formulação de respostas aos problemas existentes, as crianças aprendem que qualquer radicalismo é extremamente nocivo ao bem-estar social, tanto na esfera privada quanto na coletiva.

Com efeito, esse aprendizado é de fundamental importância, não só para as crianças, que estão se desenvolvendo como cidadãos, mas também para toda a sociedade, pois é fato amplamente comprovado pela história que o aprendizado que as crianças adquirem nas escolas é transmitido em suas casas e reflete em toda a comunidade da qual fazem parte.

Um bom exemplo disso, no caso da historiografia do Brasil, é o processo de catequização e cristianização dos índios. Os padres jesuítas, mestres na arte de ensinar e educar, muito se utilizaram dessa metodologia para a catequização em massa dos indígenas.

Os jesuítas, com o pretenso intuito de levar os ensinamentos humanitários e cristãos às crianças indígenas, atingiram também seus objetivos com os índios mais velhos, que eram os pais e os demais membros das tribos, pois tudo o que essas crianças aprendiam acabavam retransmitindo para a comunidade.

Assim, o cristianismo e a cultura do homem branco europeu foram adentrando o mundo indígena e, aos poucos, transformaram totalmente a cultura e o modo de vida dos índios, que, em sua maioria, acabaram sendo aculturados.

Nesse sentido, a grande lição que a história nos ensina é que as crianças têm uma importância muito relevante no seio familiar e, mais ainda, possuem um grande poder no que se refere à transmissão de ideias e conhecimentos e à persuasão diante dos pais e demais familiares.

Por isso, não importa se o grupo familiar não possui efetivamente uma prática cidadã, tampouco se é adepto do debate e do diálogo; isso realmente é secundário. É claro que, se o grupo familiar já estiver imbuído do ideal democrático e também possuir os valores cidadãos enraizados entre todos os membros, o processo de consolidação da cidadania por parte da criança é facilitado.

Mesmo que haja resistência, as crianças, no momento em que experimentam a prática do debate, do diálogo e do respeito mútuo no cotidiano escolar, certamente levam essa experiência para dentro de casa e, aos poucos, também contribuem para a transformação do modo de pensar e agir de todos os membros do núcleo familiar.

Nada substitui as experiências vividas dentro de um sistema que privilegie o debate, o diálogo e a convivência harmoniosa entre as diferenças, com respeito mútuo em relação à pluralidade de ideias e pensamentos. Por isso, é imprescindível que o professor busque, em todos os momentos, estabelecer uma relação de diálogo e debate com os alunos, permitindo que eles, sem medo, exponham seus pensamentos diante de todos e que esses posicionamentos, uma vez explanados, sejam ouvidos e respeitados pelos demais colegas do grupo. Do contrário, o debate e o diálogo serão prejudicados e corre-se o risco de os alunos se retraírem e se sentirem desconfortáveis para, no futuro, se exporem novamente, o que certamente se configuraria em um desserviço para a construção da cidadania e para o exercício da democracia.

(7.4)
A mediação do professor para a construção da cidadania

O trabalho do professor deve ser norteado pela prática democrática em todos os sentidos, entretanto, é na sala de aula, diante dos alunos, que esse desenvolvimento democrático deve ser efetivamente posto à prova, pois uma coisa é o planejamento de determinado trabalho e outra bem diferente é a ação prática contínua realizada em aula.

É evidente que nem sempre é possível estabelecer um debate de modo que os alunos consigam dialogar sobre determinado assunto sem que haja um certo dispersar e/ou desvirtuamento do foco principal. No entanto, isso não é motivo para desmotivação e desistência. É sempre bom lembrar que é somente por meio de reiteradas tentativas que chegamos ao acerto.

O professor deve, sempre, atuar como mediador e, quando perceber que o tema está fugindo do foco principal, tem que trazer novamente os alunos ao eixo temático e estabelecer critérios de questionamentos, tais como: o momento oportuno para que cada um possa expor suas ideias; a hora certa para a realização de perguntas pertinentes ao tema; e o melhor momento para que os alunos deem suas contribuições, quando, por exemplo, alguém quiser exemplificar o tema que está em debate com uma experiência vivenciada, que se relacione com o que se está analisando.

Esse não é um trabalho difícil ou impossível de se realizar, contudo, requer paciência e dedicação, pois talvez nas primeiras tentativas não aconteça exatamente como o professor havia planejado, mas isso também faz parte do processo de ensino-aprendizagem.

A democracia não é e nunca foi um sistema simples e fácil de se construir, assim como o exercício da cidadania, mas certamente é um esforço que vale todo o sacrifício e, sem sombra de dúvida, entre todos os regimes já experimentados pelas civilizações ao longo da história da humanidade, a democracia, até agora, é o melhor sistema vislumbrado, pensado e estabelecido. Mesmo que imperfeita, trata-se de uma grande conquista, de que não se pode abrir mão.

(.)

Ponto final

Lembre-se:

- Só é possível compreender a cidadania, na sua plena concepção, em uma sociedade democrática.
- O direito à vida, à liberdade de expressão, à liberdade de pensamento político e ideológico, à liberdade de credo religioso, o acesso à justiça, à educação e ao pleno desenvolvimento físico, psíquico, cultural e intelectual dos indivíduos são alicerces da democracia.

- A construção da cidadania não é algo que se consolida da noite para o dia; é um aprendizado que ocorre em tempo integral e acompanha os indivíduos durante toda a existência.
- As crianças, quando ingressam na escola, passam a receber uma série de informações, conceitos, valores, regras, direitos e deveres que compõem os fundamentos necessários para que possam compreender a importância que a cidadania tem e representa dentro da coletividade e da vida privada.
- É na escola, no espaço socializado com os demais colegas, que as crianças estabelecem parâmetros de convivência com a diferença, com a igualdade, com os limites individuais e coletivos, e como os direitos e os deveres, que implicam respeito ao ordenamento estabelecido pelo Estado para regular a vida em sociedade.
- Nada substitui as experiências vividas, o debate, o diálogo e a convivência harmoniosa entre as diferenças, com respeito mútuo em relação à pluralidade de ideias e pensamentos.
- É imprescindível que o professor busque, em todos os momentos, estabelecer uma relação de diálogo e debate com os alunos e que permita que exponham seus pensamentos, sendo ouvidos e respeitados pelos demais colegas do grupo.
- O professor deve atuar como um mediador tanto na construção do conhecimento como na construção de uma prática democrática por parte de seus alunos.

De acordo com o que foi visto, podemos dizer, portanto, que a cidadania se constrói dia a dia e que uma sociedade livre e plural se faz por meio da conscientização de cada um de seus membros acerca de seus direitos e deveres, os quais devem ser exercitados diariamente, sendo que, nesse processo de construção da cidadania, acreditamos que a escola desempenha um papel fundamental.

Atividades

1. Em relação à construção da cidadania, podemos afirmar que:
   a. nada substitui um sistema que distancie as crianças do debate e das diferenças, pois esse confronto de ideias é nocivo para a consolidação da cidadania.
   b. é preferível que as crianças ignorem a diversidade e o pluralismo cultural num primeiro momento, pois seu desenvolvimento intelectual ainda não está suficientemente completo para que possa ter esse entendimento.
   c. nada substitui as experiências vividas dentro de um sistema que privilegia o debate, o diálogo e a convivência harmoniosa entre as diferenças, com respeito mútuo em relação à pluralidade de ideias e pensamentos.
   d. não é possível pensar em cidadania com crianças do ensino fundamental, principalmente com relação àquelas que estão nas séries iniciais, devido à pouca formação educacional que possuem.

2. Podemos afirmar que as crianças são muito importantes dentro do processo de construção da cidadania, não apenas por serem herdeiros das instituições políticas, econômicas e sociais, mas principalmente porque:
   a. serão os atores que darão continuidade à edificação da cidadania, fundamentalmente em razão de o futuro estar em suas mãos, assim como o próprio Estado democrático de direito.

b. sendo herdeiros do sistema vigente, devem destruí-lo, a fim de construírem um outro sistema que seja capaz de acabar com as diferenças e com o multiculturalismo.

c. possuem uma dívida com a sociedade e com seus pais, que lutaram para que elas pudessem se desenvolver, estudar e obter uma formação.

d. devem estabelecer as bases futuras que desenvolverão um novo sistema democrático, planificado e sem desigualdades sociais, em que o Estado solucionará todas as necessidades de seus cidadãos e, ao mesmo tempo, será o proprietário dos bens de produção.

3. A democracia pressupõe uma série de princípios que fundamentam essa forma organizacional de convivência em sociedade e que são considerados alicerces da democracia, tais como:

a. os direitos que permitem ao Estado realizar a guerra, o genocídio, a eutanásia, a pena capital e a condenação sem um prévio e justo julgamento.

b. o direito à vida, à liberdade de expressão, à liberdade de pensamento político e ideológico, à liberdade de credo religioso, entre outras garantias consagradas pelo Estado, como o acesso à justiça, à educação e ao pleno desenvolvimento físico, psíquico, cultural e intelectual dos indivíduos.

c. o direito à vida e à liberdade de expressão, bem como o genocídio e a condenação imediata e sem prévio julgamento, desde que comprovada a autoria do crime.

d. o direito dos pais em não matricular os filhos na escola, deixando a cargo destes, após completarem a maioridade, a escolha de se matricularem em uma instituição de ensino, caso sintam essa necessidade.

(8)

As ciências humanas
e a construção da identidade

Leandro Jesus Basegio
Renato da Luz Medeiros

Dentro do campo da educação, as ciências Humanas desempenham um importante papel na formação da identidade. É um processo que começa desde a educação infantil e perpassa todo o ensino básico, ou seja, vai das séries iniciais até o ensino médio.

É quando ingressa na escola que a criança passa a interagir com meios mais amplos do que aquele formado por seu grupo familiar e sua vizinhança. Já quando está cursando as séries iniciais do ensino fundamental, o aluno entra em contato com disciplinas como História, Geografia e Sociologia – mesmo que estas apareçam sob o guarda-chuva dos chamados *Estudos Sociais*. São essas disciplinas, mais especificamente, as responsáveis por fornecer aos educandos os meios e as ferramentas intelectuais necessárias para que possam aos poucos, à medida que vão se desenvolvendo cognitivamente, construir, fundamentar e interpretar suas identidades e realidades, bem como as identidades das demais pessoas e grupos que compõem a sociedade.

Sabemos também que a criança traz para a escola uma bagagem social, cultural e emocional que vem sendo formatada desde o seu nascimento, por meio das interações com seus pais, familiares e demais pessoas com as quais conviveu e convive diariamente.

Não há dúvida de que o meio tem muita influência na formação da identidade dos indivíduos e, certamente, é algo que se deve levar em conta. Contudo, o meio é apenas um entre os diversos fatores que contribuem para a formação da identidade de um indivíduo. A construção da identidade (individual e social) é um processo contínuo, que se solidifica à medida que o indivíduo se desenvolve cognitivamente e constrói conhecimentos que lhe permitem fazer comparações e estabelecer relações entre os fatos sociais, políticos, culturais e religiosos que ocorrem a sua volta.

Esses acontecimentos influenciam os rumos que a sociedade toma e por meio da formação da identidade, tanto individual como social, e da consciência de sua posição e papel dentro da sociedade, que o indivíduo torna-se ator social, capaz de se posicionar de forma crítica, emitindo opinião e sendo agente ativo dentro de seu meio.

Dessa forma, as disciplinas de História e Geografia, que formam o grupo dos Estudos Sociais; as de Artes e Português, do grupo de Comunicação e Expressão; e também a de Educação Física são fundamentais no processo de construção de identidade das crianças. Principalmente porque outras disciplinas, que também são muito importantes, tais como Sociologia e Filosofia, não são incorporadas nos currículos escolares de forma efetiva – principalmente no que se refere às escolas públicas e, mais especificamente, ao ensino fundamental –, a responsabilidade de instrumentalizar e balizar as crianças na construção da identidade acaba como responsabilidade das matérias de História, Geografia, Artes e Português[a].

Contudo, talvez as disciplinas de História e Geografia, por tratarem de assuntos referentes à construção das sociedades, de suas localizações e realizações no espaço-tempo; à ação do homem sobre a natureza; e às relações do homem em sociedade, tanto no passado como no presente, acabam assumindo um comprometimento e uma carga de responsabilidade muito grandes dentro desse processo de formação das identidades.

Assim, neste capítulo, pretendemos abordar algumas questões relativas à formação das identidades sociais e individuais e sobre o papel que a instituição escolar e cada professor que trabalha nas etapas iniciais da educação com os conteúdos de ciências humanas devem desempenhar dentro desse processo.

---

a. A língua sempre foi um elemento importante de identificação e formação da identidade. Desde a Antiguidade, os romanos já utilizavam esse expediente, como forma de consolidar seu domínio sobre as regiões recém-conquistadas. No Brasil, ocorreu o mesmo com a colonização portuguesa. O estabelecimento de um idioma único foi sempre uma estratégia importante, utilizada pelos Estados Nacionais que se formaram na Idade Moderna, para a consolidação e legitimação das nacionalidades.

(8.1)
A sociedade e a construção da identidade

O conhecimento dos fatos históricos e sociais ocorridos ao longo do tempo e em diversos espaços é muito importante para que a criança possa estabelecer os nexos relacionais que formam sua identidade. Ao se identificar com esses acontecimentos e fatos gerados pelo homem, que dizem respeito ao mundo que é produzido e reproduzido por meio das ações dos indivíduos em sociedade, ela passa a identificar-se com o mundo em que vive, a entendê-lo e a compreendê-lo como uma construção social.

Vejamos o que Corcuff (2001, p. 96-97) comenta sobre o pensamento de Peter Berger e Thomas Watzlawic:

> Para nossos dois autores, a sociedade é também uma REALIDADE SUBJETIVA, isto é, interiorizada através da SOCIALIZAÇÃO. Esta socialização é definida como "a instalação consistente e ampliada de um indivíduo no interior do mundo objetivo de uma sociedade ou de um setor desta sociedade", com a SOCIALIZAÇÃO PRIMÁRIA se desenvolvendo ao longo da infância, logo, de uma maneira mais marcante, e a SOCIALIZAÇÃO SECUNDÁRIA ocorrendo nas aprendizagens posteriores (p. 179-180). A socialização é então caracterizada com a institucionalização, por meio de UM DUPLO PROCESSO DE CONSERVAÇÃO E TRANSFORMAÇÃO. Um dos seus vetores é "o aparelho da conversação": ele "mantém continuamente a realidade e, simultaneamente, ele a modifica continuamente. Elementos são abandonados e acrescentados, enfraquecendo certos setores da realidade [...] reforçando outros" (p. 209). Enfim, tanto no plano do mundo objetivo quanto subjetivo,

a análise coloca ênfase na diversidade, enquanto características de nossos contextos contemporâneos, no que é chamado de PLURALISMO DAS REALIDADES E DAS IDENTIDADES *(p. 235).*

Nesse sentido, para que o aluno possa compreender o pluralismo existente na sociedade, é importante que o professor, ao ministrar os conteúdos de ciências humanas (sejam de História, Geografia ou Sociologia), dê uma atenção especial aos fatos e aos acontecimentos relativos ao meio ao qual a criança pertence, pois isso é de grande valia para que ela possa estabelecer laços de pertencimento com o grupo social do qual faz parte, consolidando uma primeira identidade – o que já vem ocorrendo desde sua SOCIALIZAÇÃO PRIMÁRIA.

Assim, ao ingressar na escola, a criança entra em um processo de SOCIALIZAÇÃO SECUNDÁRIA, no qual os aspectos da realidade em que ela está inserida devem ser sistematizados para que possam ser compreendidos e interpretados de forma objetiva, permitindo a ela o desenvolvimento da competência crítica com a qual lhe será possível atuar sobre seu mundo.

Para tanto, faz-se necessário que o professor procure desenvolver as aulas de Estudos Sociais de forma conexa com o contexto local (o meio ao qual os alunos pertencem), fundamentando-as com a sua própria história antes de partir para outros enfoques e acontecimentos mais distantes no espaço-tempo do que aqueles que são vivenciados diariamente pelos alunos. Assim, por exemplo, antes de trabalhar com a história do Rio Grande do sul, é mais pertinente que o professor comece falando sobre a escola, sobre a comunidade em que a criança vive, sobre a sua cidade e assim por diante.

Com efeito, é significativamente mais rico para a criança perceber primeiro os laços que a integram e que dizem respeito à sua vida. Porém, esses laços, direta ou indiretamente, estão ligados a contextos mais amplos e, dessa forma, permitem – por meio do estímulo do professor – o estabelecimento de parâmetros para uma abordagem de maior vulto, como, por exemplo, a colonização do estado em que a criança vive, do país e/ou do próprio continente, o qual comporta muitos países, populações étnicas, culturas, credos religiosos, entre outros elementos.

Identidade, laços sociais e controle social

A identidade é uma condição básica de todo indivíduo, não há possibilidade alguma de vivermos sem uma identidade. Os seres humanos não teriam a menor chance de desenvolvimento se não estivessem identificados, por meio dos laços que os unem e que lhes dão concretude social, psicológica e emocional.

Sabemos que a sociedade é a soma de uma série de fatores que são comungados pelos indivíduos na coletividade, e, por essa razão, os seres humanos são seres sociais. Nesse sentido, a identidade de um indivíduo, embora seja uma construção subjetiva, é determinada pelos laços sociais que o unem à sociedade a que ele pertence. Tais laços, além de realizarem essa ligação e lhe fornecerem uma identidade social, também moldam seu comportamento, isto é, executam uma função de CONTROLE SOCIAL[b], estabelecendo um sistema de valores e normas que são comuns a todos os membros do grupo. Em outros termos, são esses laços, dados pelas instituições, que formam a sociedade (família, igrejas, escola, órgãos de

---

b. Quando nos referimos aqui à ideia de CONTROLE SOCIAL, remetemo-nos ao pensamento do sociólogo francês Émile Durkheim, o qual percebe o controle social não como o aparato repressivo da sociedade (polícias e sistema judiciário), mas sim como as instituições sociais que devem fornecer aos indivíduos uma moral e um padrão de conduta, entre os quais tem papel destacado a educação.

Estado), que não apenas fornecem a identidade de um indivíduo, mas também estão na base da coesão social.

Contudo, é importante destacar que, se não houver significação, envolvimento e aderência entre os indivíduos, os laços de pertencimento não são criados e a identidade com o mundo fica prejudicada e/ou deficiente, o que pode levar o indivíduo a desvios na conduta estabelecida pela sociedade – caracterizados como atitudes criminosas ou mesmo técnicas de evasão da realidade e do mundo social, como o uso de drogas e de álcool, por exemplo.

A identificação do indivíduo com o lugar e com o contexto social em que está inserido é a base que permite a construção dos vínculos que o ligam à sociedade. Por outro lado, se estes não se formam e o indivíduo não percebe que sua identidade diz respeito àquele grupo e àquela sociedade, dificilmente permanecerá naquele contexto ou seguirá as regras estabelecidas, pois, nesse caso, os laços de pertencimento que são fundamentais para a vida em comunidade não foram interiorizados de forma efetiva.

Sabemos que o homem não foi feito para viver sozinho, ele precisa estar em comunidade para crescer e se desenvolver. Necessitamos uns dos outros para sobreviver e, nesse sentido, todos estamos interligados e precisamos dessa condição para o bem comum[c]. A espécie humana só conseguiu evoluir biologicamente e se desenvolver social, cultural e tecnologicamente porque aprendeu, ao longo de sua história, que, para sobreviver e enfrentar os perigos e as dificuldades impostas pelo mundo, é preciso viver em comunidade, lutar por ela e, se preciso for, dar a vida pelos seus semelhantes e

---

c. A ideia de inter-relação entre os membros que compõem uma sociedade e da necessidade de consciência dessa inter-relação já foi desenvolvida desde Durkheim, por meio do que ele chamou de *solidariedade orgânica*, considerando esta como uma das bases da coesão social ou, em outros termos, o cimento da sociedade.

pela manutenção da sociedade, isto é, por sua coletividade. Isso está amplamente registrado e comprovado pela história, ao longo da existência humana.

A identidade social é o motor propulsor que nos une, é o que dá um conjunto de valores (o que chamamos de *sistema axiológico*), concepções, condutas e sentido à vida dos indivíduos. Sem essa compreensão, não há a menor possibilidade de progresso e bem-estar. Entretanto, conforme mencionamos anteriormente, é preciso que o sujeito se veja como parte desse contexto, que visualize essa identidade e que o grupo e a comunidade lhe transmitam o sentimento de pertencimento.

Dessa forma, as disciplinas de História e Geografia desempenham uma função relevante, pois é por meio delas que os alunos percebem a ligação com seus antepassados e as conquistas realizadas e deixadas para as gerações futuras. Isso, contudo, não minimiza as ações perversas e equivocadas que porventura nossos antepassados tenham cometido.

Procura-se sobretudo demonstrar que, até com os erros do passado, podemos aprender para que, no futuro, possamos evitá-los e optar por um caminho diferente para o bem comum, o que deve ser o desejo de qualquer indivíduo, grupo, comunidade e da sociedade como um todo.

(8.2)
Identidade, cultura e representações sociais

Diante do que foi exposto, podemos afirmar, com base em uma perspectiva progressista, que os homens fazem a sua própria história, porém as condições e as circunstâncias nas quais agem não são por eles determinadas.

Para que o aluno construa sua identidade de maneira clara e efetiva, compreendendo seu papel e sua posição dentro do quadro social em que está inserido, é importante que conheça a história de seu meio e de sua classe ou grupo social, bem como os significados que estão presentes no contexto do espaço em que vive.

A afirmação da identidade como uma questão de classe

A construção da identidade se dá por meio de um processo de reconhecimento e valorização de nossa história e de nossa cultura. Não falamos aqui em cultura e em história oficiais, mas sim na cultura e na história de nosso meio, as quais permitem não só que nos localizemos dentro da sociedade, como também diante da história e da cultura dos diferentes grupos que compõem a sociedade e que lutam pela afirmação de suas representações de mundo social.

Embora saibamos que a escola transmite um saber institucionalizado e formalizado e que, na maioria das vezes, constrói seu currículo orientada pelas secretarias de educação – ligadas a uma política que é indicada pela ideologia do grupo ou partido político que se encontra no poder –, é tarefa do professor perceber a distinção entre o que é a cultura oficial, que procura ser imposta, e o que é a cultura popular e local, que luta para sobreviver diante da homogeneização promovida pelo processo de GLOBALIZAÇÃO.

Nenhum educador pode ser ingênuo a ponto de acreditar que os valores e padrões culturais que são tidos como os ideais e adequados pela burguesia são os mesmos que dão sentido às identidades e representações sociais elaboradas pelos filhos das classes trabalhadoras.

O trabalho de construção da identidade nas primeiras etapas da escolarização

Nesse sentido, um bom exercício que pode ser feito com turmas das primeiras fases do processo de escolarização são os trabalhos de HISTÓRIA ORAL e de RECONHECIMENTO DO LOCAL. Incentivar os alunos a pesquisar sobre a origem de sua família (de onde vieram, como e quando chegaram à região, por que vieram para este local) e sobre a origem do local onde vivem (o que havia antes na região, por que passou a ser ocupada, quais as atividades econômicas que são ali desenvolvidas, o que fazem as pessoas que moram neste bairro etc.) lhes possibilita compreender como a realidade que está a sua volta foi sendo construída e que ela é fruto da ação humana.

A identificação desses fatores é imprescindível para a construção da identidade dos alunos, pois, por meio disso, passam a perceber que possuem uma história, que ela está relacionada com um contexto maior e que muitas das características que possuem como indivíduos, as quais acreditam ser de caráter subjetivo, são, na verdade, resultado das pressões que o meio social exerce sobre eles[d].

O espaço e a construção da identidade

Assim como o indivíduo possui uma história e uma identidade, também o espaço as possui. Os bairros de uma cidade, por exemplo, possuem uma identidade, a qual é

---

d. Embora possamos nos referir aqui a influências do meio na formação da identidade de um indivíduo, não estamos defendendo qualquer tese que diga respeito a um determinismo do meio sobre o indivíduo. Ao contrário, concordamos com ideias de pensadores como Vigotski, o qual defende que o psiquismo humano se desenvolve em interação com o meio (Rego, 1999).

dada por sua história, mas também pelas características sociocontextuais que neles se apresentam.

Isso não passa apenas pelos aspectos topográficos da região, mas também por suas características arquitetônicas, por sua relação com os demais bairros, por sua localização geográfica dentro da cidade, por sua composição demográfica (étnica e cultural), por suas especificidades econômicas etc.

Há uma série de fatores que compõem esse todo, que é complexo, mas que pode e deve ser explorado pelos professores nas primeiras etapas da educação formal, sendo que o caminho indicado para a execução desse trabalho são os estudos do meio, sejam parciais ou integrais, como já nos referimos anteriormente.

A identidade, quando reconhecida pelo indivíduo, torna-se parte integrante de sua própria essência, mas, para tanto, é fundamental que se formem os elos entre o contexto cultural, o grupo social e o indivíduo, que, aos poucos, começa a integrar-se na vida da comunidade. Por isso, é vital que o professor propicie aos seus alunos um reconhecimento em relação ao meio em que vivem.

Há uma série de questões que podem ser trabalhadas em sala de aula, nas séries iniciais e na educação infantil, e que podem surgir por meio da realização de atividades como um passeio pelo bairro, procurando entender como ele está organizado, quais as atividades econômicas que são ali desenvolvidas, como são as construções que nele se verificam, quem são as pessoas que moram na região, qual sua localização em relação ao centro da cidade etc., em suma, há uma série de questões que podem ser trabalhadas em sala de aula, nas séries iniciais e na educação infantil.

O importante é que o professor consiga fazer com que os alunos percebam que todos esses elementos são importantes na construção de suas identidades, uma vez que temos como pressuposto o seguinte enunciado: cada indivíduo é o que é porque nasce em determinado tempo e em determinado local, o que lhe permite estabelecer determinadas interações com outros indivíduos e com seu meio e, assim, melhor inserir-se em relações sociais que são determinadas por esses fatores.

Nesse sentido, atividades como visitas a museus, teatros, bibliotecas públicas, casas de cultura e outros centros culturais existentes na cidade, município e/ou estado, são muito importantes para o reconhecimento e a formação dos vínculos que fundamentam a identidade dos alunos com a comunidade e com o meio, pois é por meio das comparações que podem ser feitas com outros meios e com outras identidades que podemos levar os educandos a perceberem o local e o global de forma relacional, o que lhes possibilitará afirmar uma identidade.

(8.3)
Cultura local e construção da identidade

Faz-se necessário destacar atividades que envolvem, por exemplo, as festas tradicionais, os costumes, a culinária local e a vida cultural da população. Tratam-se de elementos por meio dos quais os alunos se como pertencentes a uma comunidade e possuidores de uma identidade social. É importante que as crianças tenham consciência de que a construção de uma identidade cultural se dá também por meio da exploração de elementos da vida cotidiana.

A culinária, por exemplo, é um forte fator de identificação em algumas regiões no Brasil, pois traz consigo traços da história da região. As comidas especiais, preparadas em ocasiões festivas, marcam não só elementos da história da comunidade, mas, quando preparadas e consumidas de uma maneira tradicional, buscam resgatar ou conservar a sua origem; são, portanto, um elemento fundamental situado para a coesão social para a comunidade.

Neste ponto de nossa discussão, é importante destacar o perigo de se trabalhar apenas sobre as datas oficiais ou as festas cívicas. Este é um procedimento comum nas primeiras etapas da escolarização. Um trabalho que seja descontextualizado ou fragmentado, que não busque entender os significados daquilo que se está comemorando ou lembrando, não tem relevância na construção da identidade social dos alunos. Por isso, reafirmamos a importância de se trabalhar sempre de forma relacional, ou seja, buscando nas festividades da comunidade o significado que o evento em questão apresentou no passado e que apresenta no presente.

Como já dissemos anteriormente, somos frutos de nosso tempo e de nosso meio, os quais são uma construção social; logo, nossa identidade e nossa história pessoal, por mais que tenhamos o livre-arbítrio para decidir sobre elas, se fazem dentro de condições e de um espectro de possibilidades que não são por nós determinadas. Compreender as condições em que nossa cultura se formou é compreender o espaço-tempo em que vivemos, para, assim, nos abrirmos a um campo de possibilidades capazes de modificar aquilo que, em nossa realidade, percebemos como injusto.

Contudo, para que isso ocorra, é fundamental a identificação com o nosso meio, com a nossa classe social, com a nossa cultura. Apenas por meio da construção de uma identidade, a qual se dá na interação com o meio e com as pessoas, é que, temos capacidade para uma ação coletiva no sentido de transformação da realidade.

É função da escola, por ser uma das instituições que estão na base da sociedade, fornecer elementos para que a criança construa sua identidade social. Ter uma identidade não significa apenas ter um nome, um registro civil etc., mas se sentir membro de uma comunidade; sentir que se faz parte de um grupo e que este possui uma história; é saber que isso está ligado a um contexto mais amplo, que extrapola os limites locais e mesmo nacionais; é saber que esse contexto é determinado relações econômicas, políticas, sociais ou culturais; é compreender que cada grupo ou classe põe em jogo no campo social uma série de representações; é perceber que a afirmação de uma identidade é também uma questão política, pois se trata de romper com os esquemas de dominação impostos pelas classes dominantes.

Em resumo, trabalhar sobre as identidades e no reconhecimento da identidade de nossos alunos é romper com um sistema de VIOLÊNCIA SIMBÓLICA, que nada mais é do que a aceitação da mentalidade do dominador pelo dominado, ou, segundo Freire (1987), é quebrar com as estruturas que levam o oprimido a interiorizar a mentalidade do opressor, as quais fazem com que esse oprimido considere justa a sua condição de opressão.

O processo de formação da identidade de um indivíduo é construído distintamente ao longo de seu desenvolvimento. Mas seu ingresso no mundo escolar e os primeiros anos de aprendizagem são fundamentais e deixam marcas indeléveis nos seus resultados. É por isso que as crianças que estão na educação infantil e nas séries iniciais devem ser estimuladas com atividades que permitem sua identificação com todo o contexto étnico, social, cultural, ideológico e político que as cerca. O desenvolvimento da identidade, embora seja distinto para cada indivíduo, somente pode ocorrer dentro da coletividade, ou seja, em conjunto com a comunidade que o indivíduo integra.

Os professores e a escola, de um modo geral, devem buscar atingir esse objetivo, a fim de garantir a máxima percepção e compreensão, por parte dos alunos, a respeito da sua própria história e das raízes que os identificam e por meio das quais estabelecem os laços de pertencimento social com o mundo e seus semelhantes.

(.)

Ponto final

Lembre-se:

- Os Estudos Sociais são responsáveis por fornecer ao educando as ferramentas necessárias para que este possa construir, fundamentar e interpretar sua realidade e identidade, assim como as identidades das demais pessoas e grupos que compõem a sociedade, dando-lhe a noção da diversidade que compõe o mundo social.
- A construção da identidade é um processo contínuo, que se solidifica à medida que o indivíduo vai se desenvolvendo cognitivamente.
- É por meio da formação de sua identidade e da consciência de sua posição e papel dentro da sociedade que o indivíduo torna-se um ator social.
- As disciplinas de História e Geografia, por tratarem de assuntos referentes à construção das sociedades, de suas localizações e relações no espaço-tempo, são fundamentais no processo de formação das identidades.

- A identidade de um indivíduo, embora seja uma construção subjetiva, é determinada pelos laços sociais que o une à sociedade.
- Os laços sociais executam uma função de CONTROLE SOCIAL, estabelecendo um sistema de valores e normas que são comuns a todos os membros do grupo.
- A construção de nossa identidade se dá por meio de um processo de reconhecimento e valorização de nossa história e de nossa cultura.
- O espaço também possui uma identidade, que é dada pelas características sociocontextuais que nele se apresentam.
- Cada indivíduo é o que é, porque nasce em determinado tempo e local, o que lhe permite estabelecer determinadas interações com outros indivíduos e com seu meio, bem como inserir-se em relações sociais que são condicionadas por esses fatores.
- É importante que as crianças percebam que a construção de uma identidade cultural e social se dá também por meio da exploração de elementos da vida cotidiana.
- Trabalhar sobre as identidades e no reconhecimento da identidade de nossos alunos é romper com um sistema de VIOLÊNCIA SIMBÓLICA, que nada mais é que a aceitação da mentalidade do dominador pelo dominado.

Acreditamos que, quando o aluno compreende sua identidade, consegue compreender as demais identidades sociais. Esse é um exercício importante, pois uma sociedade democrática e plural se faz com base na solidariedade entre os diferentes grupos que a compõem.

Atividades

1. Podemos afirmar que a construção da identidade é um processo contínuo, que se solidifica à medida que o indivíduo vai se desenvolvendo cognitivamente. Por isso, é muito importante:
   a. que o professor busque propiciar o debate sobre os conteúdos desenvolvidos, apresentando as diversas correntes de pensamento e suas vinculações com o meio ao qual as crianças pertencem.
   b. que a escola e o grupo de professores valorizem a cultura local, enfatizando os principais eventos da região, bem como sua importância para a comunidade e para o país.
   c. que a escola favoreça um ambiente rico e plural, tanto para as crianças como para a comunidade, em que haja respeito às diferenças e no qual a convivência harmônica seja o norte de todo o processo da construção do conhecimento.
   d. Todas as alternativas estão corretas.

2. As disciplinas de História e Geografia são fundamentais no processo de construção da identidade, porque:
   a. é por meio delas que o professor transmite aos alunos informações sobre o tempo e o espaço em que vivem.
   b. cada indivíduo é o que é porque nasce em determinado tempo e em determinado local, o que lhe permite estabelecer determinadas interações com outros indivíduos e com seu meio, bem como inserir-se em relações sociais que são condicionadas por esses fatores, as quais acabam lhe fornecendo os elementos necessários para que construa a sua identidade.

c. os professores de História e Geografia têm maior conhecimento a respeito do passado e do espaço no qual a sociedade se localiza do que os demais professores.

d. os alunos apenas podem reconhecer-se como seres biológicos e racionais se entenderem a história da evolução humana.

3. A identidade, quando reconhecida pelo indivíduo, torna-se parte integrante de sua própria essência. Entretanto, para que se formem elos entre o indivíduo e o grupo social, é necessário que:

a. o indivíduo se perceba como parte integrante da comunidade e que também a própria comunidade o perceba como um membro, por meio dos laços de pertencimento construídos no seio social.

b. o indivíduo se distancie do grupo social por um determinado tempo, para que sinta falta da comunidade e, posteriormente, retorne com os laços de pertencimento renovados.

c. primeiramente, o grupo social rejeite o indivíduo, para que este, afastado, perceba o quão importante o grupo é e, após esse entendimento, o grupo o integre definitivamente.

d. o indivíduo conclua a formação acadêmica, para que posteriormente possa perceber os elos de ligação e pertencimento entre a comunidade e ele, como membro do grupo social.

(**9**)

Resgate e valorização das culturas
locais e dos saberes informais

Leandro Jesus Basegio
Renato da Luz Medeiros

Para iniciar este capítulo, vamos refletir um pouco sobre a seguinte passagem, extraída de uma obra de Dayrell (1996, p. 139):

> *Quem são esses jovens? O que vão buscar na escola? O que significa para eles a instituição escolar? Qual o significado das experiências vivenciadas nesse espaço?*
> *Para grande parte dos professores, perguntas como essas não fazem muito sentido, pois a resposta é óbvia: são alunos. E é essa categoria que vai informar seu olhar e as relações que*

mantém com os jovens, a compreensão das suas atitudes e expectativas. Assim, independente do sexo, da idade, da origem social, das experiências vivenciadas, todos são considerados igualmente alunos, procuram a escola com as mesmas expectativas e necessidades. Para esses professores, a instituição escolar deveria buscar atender a todos da mesma forma, com a mesma organização do trabalho escolar, mesma grade e currículo. A homogeneização dos sujeitos como alunos corresponde à homogeneização da instituição escolar, compreendida como universal.

Essa citação demonstra bem como o sistema público de ensino define seus usuários. A homogeneização dos estudantes talvez seja um dos maiores problemas enfrentados no campo da educação, uma vez que se tratam de forma igual os desiguais, o que, por si só, já é um fator de exclusão.

Assim como nem todos os alunos são iguais e há diferenças marcantes dentro de cada turma, as escolas também não são iguais umas às outras. Em cada uma das milhares de escolas espalhadas pelo Brasil, há características específicas as quais são derivadas das peculiaridades culturais do local onde estão situadas, ou seja, cada escola é marcada pela cultura local, o que tem influência direta no cotidiano escolar e na forma como se dá o processo de aprendizagem de seus alunos.

Nesses termos, valorizar a cultura local, suas especificidades e sua riqueza é valorizar nossos educandos. É mostrar-lhes que possuem uma história, que são portadores de conhecimento e que este, embora não seja o mesmo que se encontra formalizado na instituição escolar, é tão válido quanto.

Nessa perspectiva, o pressuposto do qual acreditamos que deva partir a ação pedagógica é o seguinte: os conhecimentos que hoje se encontram sistematizados dentro de algum dos campos da ciência tiveram sua origem em problemas cotidianos e locais, que necessitavam ser solucionados para que a sociedade pudesse viver melhor. Em resumo, todo conhecimento é uma construção social e, por isso, traz consigo traços culturais do local e da cultura em que foram gerados[a].

Com base no que foi exposto, sugerimos, como uma boa alternativa de trabalho, principalmente nas primeiras etapas da educação formal, a valorização das culturas locais. Fazer nossos alunos compreenderem que são frutos de uma cultura, que é cheia de significados que os acompanharão pela vida toda, é a melhor maneira de promover a DESCENTRAÇÃO. Ao compreender sua cultura e as relações mais amplas que esta apresenta com a sociedade é que conseguiremos fazer com que os educandos RELATIVIZEM seu próprio meio cultural, para que, por meio disso, possam compreender as culturas e os comportamentos diferentes dos seus, evitando o avanço dos preconceitos, dos estigmas e da segregação.

A discussão que pretendemos apresentar neste capítulo visa destacar a importância de se trazer a cultura local e os saberes informais para dentro da sala de aula. Esses elementos são entendidos como ponto de partida para o ensino escolar e como um campo de significados a ser explorado e compreendido por alunos e professores, na tentativa de se promover uma educação conscientizadora. Em outras palavras, uma educação que procure

---

[a]. Assim como sua sistematização e formalização como um conhecimento que deve ser "transmitido" aos estudantes e, legitimado pela instituição escolar, representam o resultado de disputas ocorridas entre grupos ou classes que compõem a sociedade (Bourdieu; Passeron, 1975).

compreender de forma crítica o papel e a posição assumidos por nós, como indivíduos que fazem parte de uma sociedade, a qual possui normas e regras culturais estabelecidas por meio de interações sociais.

(9.1)
Distinções necessárias

O conceito de cultura, embora muitas vezes possa nos parecer simples, guarda algumas armadilhas. Diante disso, vamos estabelecer algumas distinções necessárias para que possam ser realizados em sala de aula a compreensão e o trabalho adequado desse conceito.

Cultura local e cultura formalizada pela sociedade

Um dos maiores problemas enfrentados pelos educadores, ao trabalharem com a ideia de cultura local, é o fato de que, muitas vezes, esta é entendida como uma cultura menor. Em outros termos, a chamada *cultura local* frequentemente é colocada como algo inferior, sendo vista em contraposição à cultura formalizada e institucionalizada, tida como a cultura que realmente tem valor, a chamada *cultura superior*, que é tida como correta e assumida como tal pelo conjunto da sociedade; é a cultura das classes dominantes.

Cultura de massa e cultura popular

Outro ponto a se salientar é a distinção entre CULTURA DE MASSA e CULTURA POPULAR. A cultura de massa, frequentemente tomada como cultura popular, é a cultura divulgada pelos meios de comunicação de massa. Via de regra, atende aos objetivos mercadológicos de grupos econômicos, interessados na banalização de alguns hábitos ou gostos, o que certamente reverte em lucros, por meio da comercialização de artigos que estão na moda ou gostos musicais do momento, por exemplo.

Assim, não se pode confundir a cultura de massa com a cultura popular. Dentro dessa perspectiva, cabe aqui trazer à vista uma passagem escrita pelo sociólogo Pierre Bourdieu (2001), a qual ilustra bem a situação paradoxal existente entre cultura popular e cultura de massa.

> O que está em jogo é a perpetuação de uma produção cultural que não seja orientada para fins exclusivamente comerciais e que não se submeta aos veredictos daqueles que dominam a produção midiática de massa, sobretudo por meio do poder que detêm sobre os grandes meios de difusão. De fato, uma das dificuldades da luta que é preciso travar quanto a esses assuntos é que ele pode exibir aparências não democráticas, na medida em que as produções de massa são de certa forma PLEBISCITADAS pelo grande público, e em particular pelos jovens de todos os países do mundo, ao mesmo tempo porque são mais acessíveis (o consumo desses produtos supõe menos capital cultural) e porque são objetos de uma espécie de ESNOBISMO PARADOXAL: é com efeito a primeira vez na história que os produtos mais *cheap* de uma cultura popular – de uma sociedade econômica e politicamente dominante – são impostos como *chics*; os adolescentes de todos os países que vestem *baggy pants*, calças cujo fundilho bate no meio das pernas, provavelmente desconhecem que a moda que julgam ultrachique e ultramoderna nasceu nas prisões dos Estados Unidos, assim como o gosto por tatuagens!

> Ou seja, a "civilização" do *jeans*, da Coca-Cola e do MacDonald's está submetida não apenas ao poder econômico, mas também ao poder simbólico exercido por intermédio de uma sedução para a qual as próprias vítimas contribuem. Ao fazer das crianças e dos adolescentes, sobretudo os mais desprovidos de sistemas de defesas imunológicas específicos, os alvos privilegiados de sua política comercial, as grandes empresas de produção e difusão cultural, especialmente do cinema, garantem para si, com apoio da publicidade e das mídias, ao mesmo tempo coagidas e acumpliciadas, uma influência extraordinária, sem precedente, sobre o conjunto das sociedades contemporâneas, que diante disso veem-se como infantilizadas.
>
> Fonte: Bourdieu, 2001.

Pois bem, o que o autor procura nos dizer com essas palavras? De acordo com nossa leitura, o que está em jogo é a AFIRMAÇÃO DE UM PADRÃO CULTURAL, que é imposto de maneira muito forte pelos MEIOS DE COMUNICAÇÃO DE MASSA e bebe, muitas vezes, na fonte da cultura popular, a qual é repleta de significados – mas que, uma vez assumida como um bom produto a ser comercializado, descaracteriza-se e torna-se apenas mais um objeto pronto para ser consumido, sem ao menos ser compreendido ou problematizado. Logo, podemos afirmar de maneira segura que a cultura de massa não representa a cultura popular, pois esta – mesmo que em alguns casos tenha sua raiz em uma manifestação popular ou de resistência –, no momento em que se torna cultura de massa, já não é mais uma escolha do povo, mas sim dos grupos econômicos que impõem padrões de consumo por meio de sua massificação pela mídia.

O que pretendemos colocar em pauta com essa discussão é o fato de que boa parte dos produtos da alta cultura – ou cultura superior, como se queira chamar – ou mesmo aqueles que são amplamente divulgados pelos meios de comunicação, tidos como produtos de uma cultura de massa, são, na verdade, oriundos de uma cultura popular. Esta, em grande medida, no momento de sua gênese, caracterizava-se como um comportamento de resistência à mentalidade dominante ou, ao menos, como um comportamento útil em determinado meio social.

Vejamos o caso do Brasil, o qual tem a capoeira como um dos seus produtos culturais de exportação. Trata-se de uma arte marcial que mistura jogo, dança e música e que nasceu como uma forma de resistência encontrada pelos escravos diante do martírio da escravidão. Mesmo com o fim da escravidão no Brasil, sua prática durante longo tempo permaneceu restrita às classes populares e era tida como criminosa pelas classes dominantes em nosso país. No entanto, uma vez assimilada pelo mercado e considerada como um produto de exportação, ou seja, como um bom negócio, em grande medida se descaracterizou, isto é, perdeu seu significado como forma de resistência, sendo que sua origem muitas vezes nem é conhecida, ou pelo menos não é compreendida, por grande parte de seus praticantes.

(9.2)
Cultura local: os saberes informais como fonte para o conhecimento

Diante do que foi exposto até aqui, nossa proposta é que, em sala de aula, se busque problematizar as questões culturais. Analisar a cultura formalizada pela sociedade (CULTURA OFICIAL) de forma crítica é buscar sua origem e verificar quais objetivos respondem à afirmação de determinados comportamentos e formas culturais, uma vez que tomamos a cultura como uma construção social.

Acreditamos que, para realizar essa tarefa, é necessário que o professor empregue em seu trabalho cotidiano o resgate da cultura local. A valorização dos SABERES INFORMAIS é um grande passo para a compreensão daquilo que já está formalizado e sistematizado dentro de algum dos campos do conhecimento, já que é nesses saberes cotidianos que podemos captar a origem dos conceitos desenvolvidos pela ciência.

A importância dos saberes informais

É sabido, há muito tempo, que se compreende melhor e de maneira mais fácil aquilo que está próximo, aquilo que é conhecido. Logo, se partirmos da cultura local, do conhecimento informal trazido por nossos alunos para a escola, será mais fácil desenvolver com eles conceitos já formalizados pela ciência. Também isso tornará mais eficiente o trabalho de sala de aula, já que uma das grandes causas que levam milhares de crianças ao fracasso e à evasão escolar é a descontextualização dos conteúdos desenvolvidos na escola.

Por vezes, os educadores se sentem frustrados diante do fracasso dos alunos, porém não compreendem que a forma como trabalham os conteúdos em aula não apresentam significado algum para a maioria dos alunos. Esses conteúdos estão fora do mundo do aluno e são, na verdade, frutos de uma cultura que vem de cima para baixo.

Não queremos dizer com isso que devemos nos fechar à cultura local; o que queremos expressar é que a compreensão do local, da cultura do meio em que nossos educandos estão inseridos, é o ponto de partida para que possamos relacionar o seu meio com o todo e, assim, compreender o que está em jogo por meio das representações culturais formalizadas pela sociedade.

Nidelcoff (1985, p. 35) nos dá uma ideia desse problema:

A cultura "oficial" – que a escola difunde – expressa então as maneiras de pensar e viver dos setores dominantes e médios, já que estes últimos têm os olhos postos nos primeiros. Para defini-la de alguma maneira vamos chamá-la de "cultura burguesa", ainda que estejamos conscientes da imprecisão do termo.

Quando um educador atua nos meios populares, queixa-se muitas vezes da incompreensão dos pais ante as atividades da escola. No fundo, esse é o momento em que ele está confrontando a existência de valores vitais distintos dos seus e que, no entanto, são compartidos por grupos muito grandes.

(9.3)
A perspectiva interacionista de Vigotski e a valorização dos saberes informais

A ausência de diálogo entre o professor e o aluno e a desqualificação dos diversos saberes que os educandos trazem de seu meio sociocultural são uma das faces mais perigosas da educação tradicional e, muitas vezes, não é sequer percebida pelos professores, embora esse problema se faça presente no dia a dia das salas de aula.

É interessante vermos como uma pedagogia que busca romper com essas barreiras caracteriza a forma como o conhecimento é construído. Vejamos o que indica o Parecer nº 009, de 8 de maio de 2001 (Brasil, 2001, p. 30) do Conselho Nacional de Educação:

> Os indivíduos constroem seus conhecimentos em interação com a realidade, com os demais indivíduos e colocando em uso suas capacidades pessoais. O que uma pessoa pode aprender em determinado momento depende das possibilidades delineadas pelas formas de pensamento de que dispõe naquela fase de desenvolvimento, dos conhecimentos que já construiu anteriormente e das situações de aprendizagem vivenciadas. É, portanto, determinante o papel da interação que o indivíduo mantém com o meio social e, particularmente, com a escola.

Podemos identificar que as ideias apresentadas pelo relatório do Conselho Nacional de Educação, as quais apontam que a construção do conhecimento se dá por meio da interação com o meio sociocultural, têm suas raízes no pensamento de Vigotski, pensador que nos apresentou uma teoria interacionista para a construção do conhecimento[b], cuja perspectiva considera que as características culturais possuem importância no processo de formação dos indivíduos.

Outra ideia que deriva desse pensamento é a de que a escola não é a única produtora de conhecimentos. As crianças, quando chegam à instituição escolar, já trazem consigo uma série de conhecimentos construídos no meio em que vivem e que não podem ser vistos como piores ou melhores do que os conhecimentos que são trabalhados na escola; tratam-se, simplesmente, de saberes diferentes.

O saber escolar é um saber formalizado, sistematizado e acumulado ao longo do desenvolvimento da humanidade. Todavia, não pode ser considerado como a única forma de saber verdadeiro. O saber informal, produzido pelo meio, tem tanto ou mais valor do que o saber escolar, uma vez que, para as crianças que se encontram nas primeiras etapas da educação básica, o trabalho com conceitos formalizados é muito complexo.

Como já afirmamos em outro momento, é necessário que a criança construa seus próprios conceitos por meio da análise crítica daquilo que está a sua volta e das relações sociais nas quais está inserida, em suma, fundamentando-se no próprio meio em que vive.

Assim, se nos associamos à ideia de uma educação progressista, a qual defende que se deve reconstruir o conhecimento – visando com isso quebrar a barreira do senso comum, buscando meios para questionar a realidade e transformá-la –,

---

b. Vigotski indica que as características que tornam os homens humanos não são dadas *a priori*, por mecanismos biológicos ou psicológicos, mas são formadas a partir da interação do indivíduo com seu meio social e cultural (Rego, 1999, p. 41).

nada melhor do que partirmos da própria realidade dos educandos, como nos aponta Demo (1996, p. 25):

> A reconstrução do conhecimento implica um processo complexo e sempre recorrente, que começa, naturalmente, pelo uso do senso comum. Conhecemos a partir do conhecido. Compreendemos um texto a partir do contexto. Significa, sobretudo, aceitar que ninguém é propriamente analfabeto, já que todos temos alguma identidade cultural e histórica e dominamos alguma linguagem. Isso não deve ser tomado como entulho. Ao contrário, constitui-se necessário ponto de partida e referência constante, para elaborarmos o ambiente imprescindível da relação de sujeito. O aluno pode não saber ler e escrever, mas nem por isso deixa de ser um sujeito histórico, pelo menos potencial. O que mais revela a condição de sujeito potencial é o lastro cultural em que estamos inseridos, representado pela linguagem comum e pelo senso comum. Por exemplo, as mães sabem "educar" por força da tradição acumulada historicamente, repassada através das gerações.

Porém, como fazer isso? Como dar voz à comunidade para que esta expresse sua forma de ver e perceber o mundo? Como identificar os temas geradores que possibilitarão aos educandos e aos educadores construir o conhecimento?

(9.4)
A ressignificação dos conteúdos: uma proposta a ser empregada

A maior parte dos conteúdos desenvolvidos nas escolas não demonstram ter relevância nas questões do dia a dia de nossos alunos e, assim, não lhes despertam o desejo de aprender.

Vigotski, citado por Rego (1999, p. 120-123), já nos apontava que a vontade é despertada pelo afetivo. Dessa forma, temos vontade de aprender aquilo que para nós é importante, isto é, aquilo que nos ajuda a solucionar problemas que se apresentam em nosso cotidiano. Assim, um ensino isolado da realidade não consegue despertar o interesse dos alunos.

Outro grave problema é que o ensino isolado da realidade produz alienação, pois não questiona a realidade que é dada de forma acabada e, logo, não pode ser transformada. Assim, só resta aceitar o mundo como ele é. Não há possibilidade de ação no sentido de mudança, o que conduz o aluno a uma visão fatalista da realidade.

Esse tipo de pedagogia, que apresenta o mundo como pronto e acabado, foi classificada por Freire (1985, p. 65-66) como um modelo de EDUCAÇÃO BANCÁRIA, na qual a realidade é estática e o educador tem a missão de disciplinar a entrada do aluno no mundo. Para isso, o educando passa por um processo de treinamento, que será plenamente satisfatório se conseguir proporcionar a adequação do educando ao mundo. Não há questionamento, não há diálogo, o aluno é visto como tábula rasa. O que se espera do educando são respostas retóricas para perguntas retóricas, isto é, ele deve responder o que se espera que seja respondido, sendo qualquer tentativa de fugir a essa regra vista como um ato de rebeldia, logo, passível de punição.

Na visão de Freire (1985, p. 72), essa educação mantém um objetivo claro: proteger o poder das elites e manter o povo submisso ao controle destas. A visão que se transmite é fatalista, chegando mesmo a ter o caráter de um discurso religioso. Logo, o que se conclui é que as coisas são como são, sempre foram assim e assim continuarão sendo, afinal, é a vontade de Deus.

Freire (1985, p. 77) afirma ainda que, se pretendemos a libertação dos homens, devemos começar por não aliená-los. Para isso, há a necessidade de uma educação problematizadora, que enfoque a mudança. Isso só será possível se mostrarmos o caráter histórico da escola, do conhecimento, do homem e da sociedade. Dessa forma, a ideia de um mundo estático, que está em contradição com a mudança, é afastada. É justamente nesse ponto que se destaca a importância da cultura local.

A cultura local como fonte para o conhecimento

Um bom caminho para iniciar esse processo é partir da crítica da realidade vivida e percebida pelos educandos. Com isso, apontaremos para a ideia de que a educação deve transformar a ação do sujeito sobre o mundo. Mais claramente, o objetivo da educação não é formar indivíduos passivos, que aceitam a realidade como pronta, mas sim buscar a mudança por meio da crítica ao que é vivido e percebido. Se a história é feita e movimentada pelas transformações, a educação deve ser enfática em relação a esse caráter, buscando a transformação social.

Os homens são frutos de seu tempo e do meio em que estão inseridos. Ao aceitarmos esse pressuposto do materialismo histórico e dialético como verdadeiro, não estamos sendo deterministas, mas, ao contrário, apenas admitimos que é a sociedade que nos molda como somos. Logo, ao compreendermos criticamente como ela funciona, identificando as formas como se dá a dominação de classes, temos a capacidade de transformá-la.

Como afirma Vigotski, citado por Rego (1999, p. 41), nossas características humanas são dadas pela interação com o meio físico e sociocultural. Assim, desde o momento em que nascemos, estamos aprendendo, inseridos em uma cultura.

Isso quer dizer que, mesmo antes de ingressarmos na escola, onde recebemos a instrução formal, já possuímos uma série de conhecimentos. Os alunos não são tábulas rasas nos quais o professor irá depositar todo o conhecimento acumulado pela humanidade ao longo dos tempos. Todo educando já traz consigo uma gama de saberes, que, mesmo sendo informais, são significativos na realidade em que vive. Desse modo, esses saberes informais, adquiridos no meio social, devem ser o ponto de partida para a organização do ensino formalizado, dado pela escola.

Tal como os indivíduos, o conhecimento construído pela sociedade e formalizado pela instituição escolar ao longo dos tempos, também é histórico. Logo, uma mudança de paradigma requer que esse caráter do conhecimento seja posto à luz.

Cada um dos conteúdos trabalhados pela escola teve sua origem em SITUAÇÕES-PROBLEMA colocadas pela realidade. Cabe aos educadores demonstrar em que contexto surgiu cada um desses conhecimentos, em lugar de apenas transmiti-los de maneira vazia e sem significado.

Diante disso, surge a necessidade de que os educadores estudem a história de seus conteúdos e consigam demonstrar aos alunos a qual situação-problema colocada pela realidade eles podem responder.

Assim, conseguiremos romper com um dos graves problemas que afeta a educação: a falta de vinculação entre teoria e prática, uma vez que, como aponta Hengemühle (2004, p. 79), aprender significa buscar respostas na teoria (conteúdos), para compreender as situações e resolver os problemas da realidade.

Vemos então que os conteúdos desenvolvidos pela escola surgiram de problemas colocados pela realidade;

logo, a melhor maneira de desenvolvê-los com os alunos é, também, partir de situações-problema geradas pela realidade dos alunos e da sociedade atual. Com base nisso, conseguiremos não só tornar o conhecimento significativo, como despertar o desejo de conhecer.

Como Hengemühle (2004) nos diz, o ser humano se motiva diante de um problema e cria a necessidade de buscar meios para solucioná-lo. No caso de um conteúdo exposto por meio de uma problematização da realidade, os meios são dados pela teoria (conteúdos). Logo, o aluno não buscará apenas memorizar os temas trabalhados em aula, motivado simplesmente por uma nota ou um diploma, mas buscará uma resposta para algo que lhe é significativo.

Ao conhecer a origem dos conteúdos com que trabalha, o professor tem melhores condições de criar situações-problema a respeito de tais conteúdos e mostrar o quão relevante é cada um dos conhecimentos que procura desenvolver.

A metodologia da situação-problema impõe ao aluno um pensamento reflexivo, isto é, leva-o a refletir sobre a realidade em que está inserido e, com base nisso, é possível que este desenvolva habilidades e competências para transformá-la, colocando-se em ação. Essa é uma metodologia que visa à mudança e que combate o paradigma tradicional, defendido pela educação bancária, que prega um mundo estático.

Vimos que a realidade é histórica e construída, logo, passível de ser transformada, o que fornece aos alunos esperança e perspectivas de mudança. Outro aspecto importante é que devemos buscar as chaves para resolver nossos problemas na teoria (conteúdos), o que desperta o entusiasmo para pesquisar as soluções. Assim, nossa orientação é que o professor seja também um observador, porém não um observador comum, mas sim alguém atento àquilo que acontece a sua volta na comunidade em que trabalha. Quais são as festas? Quais são os costumes? Como se divertem nossos alunos e seus familiares? Quais são seus valores e crenças? Essas questões podem ser o pontapé inicial para o trabalho.

O professor pode pedir que os alunos falem de seu meio, procurar fazer com que eles demonstrem qual concepção possuem sobre as coisas que ocorrem a sua volta. Certamente, com base nisso, qualquer professor com um pouco de criatividade conseguirá subsídios para elaborar um bom plano de trabalho, o qual partirá das questões locais, mas não ficará preso a elas, pois é fudamentando-se nos aspectos locais que se busca interpretar o todo.

(.)
Ponto final

Lembre-se:

- Em cada uma das milhares escolas espalhadas pelo Brasil, temos características específicas, que são derivadas das peculiaridades culturais do local onde estão situadas; ou seja, cada escola é marcada pela cultura local, o que tem influência direta no cotidiano escolar.
- Valorizar a cultura local é valorizar nossos educandos; é mostrar-lhes que possuem uma história, que são portadores de um conhecimento que é tão válido quanto aquele obtido na instituição escolar.
- Os conhecimentos que hoje se encontram sistematizados dentro de algum dos campos da ciência tiveram sua origem em problemas do cotidiano; logo, todo

conhecimento é uma construção social e, por isso, traz consigo traços culturais do local e da cultura em que foram gerados.

- Fundamentando-se na compreensão da sua cultura e das relações mais amplas que esta apresenta com a cultura da sociedade, o educando relativiza seu próprio meio cultural e, assim, compreende culturas e comportamentos diferentes dos seus.
- A cultura dominante em uma sociedade é a cultura das classes dominantes, porém as culturais locais não são inferiores a ela.
- A cultura de massa é a cultura divulgada pelos meios de comunicação de massa e atende aos objetivos de grupos econômicos. Não corresponde à cultura popular.
- A valorização dos SABERES INFORMAIS é um grande passo para a compreensão daquilo que já está formalizado e sistematizado dentro de algum dos campos do conhecimento, uma vez que é nos saberes cotidianos que podemos captar a origem dos conceitos desenvolvidos pela ciência.
- A cultura do meio em que os educandos estão inseridos é o ponto de partida para que o educador relacione o meio com o todo e, assim, proporcionar ao aluno a compreensão do que está em jogo, por meio das representações culturais formalizadas pela sociedade.
- O saber informal, adquirido no meio social, deve ser o ponto de partida para a organização do ensino formalizado dado pela escola.
- A metodologia da situação-problema impõe ao aluno um pensamento reflexivo, leva-o a pensar sobre a realidade em que está inserido e, com isso, é possível que desenvolva habilidades e competências no sentido de transformá-la, colocando-se em ação.

A valorização das culturais locais é um passo importante para a construção de uma educação progressista, a qual tem como objetivo último a conscientização e a cidadania. É nesse sentido que a valorização das culturas locais ganha grande importância no trabalho com os alunos que se encontram nas primeiras etapas do processo educativo.

Atividades

1. A respeito dos saberes informais, trazidos pelos alunos (do meio onde vivem, para a escola), a postura do professor deve ser a seguinte:
   a. desconsiderá-los, pois são saberes de senso comum e não são adequados ao ensino escolar, o qual visa desenvolver o método científico com os alunos.
   b. valorizar os saberes informais, pois a compreensão daquilo que já está formalizado e sistematizado dentro de algum dos campos do conhecimento científico teve sua origem nesses saberes cotidianos, por meio dos quais podemos captar a origem dos conceitos desenvolvidos pela ciência.
   c. considerá-los um conhecimento menor, porém válidos como ponto de partida para o desenvolvimento dos conceitos científicos.
   d. mostrar aos alunos que apenas fazem parte do senso comum e que devem ser superados como forma de saber considerado correto.

2. Por cultura popular devemos compreender o seguinte:
   a. é uma cultura menor, inadequada e desqualificada para ser desenvolvida pela escola.

b. é a cultura divulgada pelos meios de comunicação de massa e que agrada a maior parte da população.
c. é aquela que surge por meio de manifestações populares (de resistência ou relacionadas a crenças ou festividades do povo), mas que, em geral, acabam servindo de base para a formação da chamada *alta cultura* ou são assimiladas e descaracterizadas pela cultura de massa.
d. é a cultura imposta pelo povo, via meios de comunicação de massa.

3. De acordo com a perspectiva interacionista desenvolvida por Vigotski:
   a. os indivíduos constroem seus conhecimentos em interação com a realidade e com os demais indivíduos. Assim, o que uma pessoa pode aprender em determinado momento depende das possibilidades delineadas pelas formas de pensamento de que dispõe naquela fase de desenvolvimento, dos conhecimentos que já construiu anteriormente e das situações de aprendizagem vivenciadas.
   b. o conhecimento é inato, sendo papel da escola apenas permitir que as crianças consigam trazer à tona aquilo que, por herança genética, já sabem.
   c. os alunos são tábulas rasas e o papel principal do professor é transmitir conhecimentos a eles.
   d. o modelo bancário de educação, como diz Paulo Freire, é o mais adequado para se trabalhar com as crianças das classes populares, pois estas têm um déficit hereditário de conhecimentos, cabendo ao professor corrigir esse déficit por meio da transmissão de conhecimentos.

(**10**)

Retomando os
principais pontos

Leandro Jesus Basegio
Renato da Luz Medeiros

Ao longo deste livro, nossa pretensão foi a de colocar em pauta algumas questões relevantes sobre as ciências humanas e o papel que esse campo do conhecimento desempenha dentro do ambiente escolar. Acreditamos que o debate não se encerra aqui e tampouco cremos que conseguimos dar conta de todas as questões que deveriam ser discutidas acerca desse tema. Contudo, temos a clareza de que os principais pontos a respeito do que desejávamos discutir foram trazidos à tona. Não é tarefa fácil ocupar-se de um assunto tão complexo em poucas páginas.

Nosso objetivo foi fornecer um material que possa dar suporte para professores que trabalharão com as ciências humanas, nas etapas iniciais do processo de escolarização, buscando apresentar as principais relações que devem ser feitas nesse campo com crianças tão jovens. Acreditamos que essas questões, por ora, foram atendidas. De qualquer forma, é de grande valor uma retomada sintética daquilo que buscamos desenvolver. É o que pretendemos fazer nesta etapa final.

(10.1)

As ciências humanas

O termo *ciências humanas* agrupa um conjunto muito amplo de conhecimentos, os quais, em linhas gerais, buscam compreender as relações entre os homens, em sociedade, e a forma como a(s) sociedade(s) veio(vieram) sendo construída(s) ao longo do tempo e em diferentes espaços. Essas relações ocorrem em um espaço-tempo determinado e têm como resultado a construção da realidade social que vivenciamos.

Assim, dentro desse campo, também são observadas as relações entre a sociedade e a natureza, ou seja, a paisagem na qual o homem se insere e que é construída cotidianamente. Se observada ao longo do tempo e nos diferentes espaços, esta expressa significados que derivam da forma como a sociedade se organiza. Logo, qualquer indivíduo que vive em sociedade deve, necessariamente, desenvolver conhecimentos a respeito de história, geografia, sociologia, economia, ciência política, antropologia e filosofia, que são as diversas áreas que formam o conjunto das chamadas *ciências humanas*.

Esse aprendizado se dá diariamente. A todo momento estamos desenvolvendo esse tipo de conhecimento, pois a melhor forma de fazê-lo é nas interações que temos com o nosso meio dentro da escola. Contudo, esses conhecimentos são sistematizados e as especificidades de cada área são trabalhadas dentro da escola.

O objetivo que todo professor deve buscar atingir é o de proporcionar ao aluno que, durante seu processo educativo formal, consiga relacionar esses diversos conhecimentos e que eles lhe sirvam como uma ferramenta para operar em sua realidade, buscando transformá-la naquilo que considera injusto.

Os Estudos Sociais

Na educação infantil e nas séries iniciais do ensino fundamental, os conteúdos de ciências humanas são trabalhados dentro do grupo dos chamados *Estudos Sociais*. Historicamente, nessas etapas da educação, os conhecimentos básicos que se trabalham são os de história e geografia, embora as demais áreas que compõem o conjunto dessas ciências apareçam de forma indireta.

Independentemente de qual área especificamente se vai trabalhar, uma certeza podemos ter: o educador sempre deve procurar partir da realidade do aluno. Explorar o meio em que a criança vive é o melhor caminho para desenvolver esses conteúdos, uma vez que é por meio dele que a criança interage dia a dia e, portanto, este é rico em significados para ela.

A compreensão de conceitos complexos como os de espaço, tempo, sociedade, divisão social, identidade, cidadania, trabalho, enfim, todos os que são tratados nesse campo, torna-se mais acessível se partimos daquilo que é concreto para a criança (concreto-vivido), ou seja, a sua realidade. Por meio da compreensão do seu meio social, do seu tempo e do seu espaço, à medida que vai amadurecendo cognitivamente, a criança vai desenvolvendo a capacidade de estabelecer relações com outros meios, diferentes do seu – tanto em relação ao tempo (história) quanto ao espaço (geografia).

Os estudos do meio

É mediante os estudos do meio que o professor dessas etapas da educação deve proporcionar para a criança um primeiro contato mais sistematizado com a sua realidade.

Esses estudos podem ser parciais ou integrais. Os estudos parciais, mais indicados para a faixa etária que compõe esse grupo de alunos, procuram explorar algum aspecto da realidade cotidiana das crianças. É com base na observação de seu bairro, de sua cidade e mesmo de sua escola que a criança começará a perceber como a sociedade se organiza. Assim, poderá perceber que a distribuição do espaço é uma construção social, feita ao longo do tempo, e fruto do conflito entre os grupos que formam a sociedade para afirmar suas representações acerca do que deve ser o real.

Assim, o aluno vê que o fato de morar naquele determinado local, de frequentar aquela determinada escola e de apresentar determinados gostos está ligado a questões maiores, que são relativas e derivadas de contextos mais amplos do que aquele no qual ele está inserido. Com base no local, temas como meio ambiente, trabalho, desigualdade social podem ser facilmente desenvolvidos.

(10.2)
A neutralidade do conhecimento social

Como foi visto ao longo de nossa exposição, nenhum conhecimento é neutro e, no que se refere às ciências humanas, essa afirmação é ainda mais forte, pois trata-se da forma como os homens se relacionam em sociedade e com a natureza. Assim, apresentamos como pressuposto que a sociedade é formada por grupos que disputam a afirmação de representações. É de extrema importância que o professor traga consigo essa premissa ao desenvolver atividades ligadas a esse campo do conhecimento na educação infantil e nas séries iniciais, pois, como afirmamos no decorrer deste livro, todo saber representa também uma relação de poder.

Portanto, o papel que o educador deve desempenhar não é o de doutrinar os alunos, apresentando determinada visão de sociedade como sendo a correta. Ao contrário do que tradicionalmente tem sido feito, acreditamos que o professor que visa trabalhar dentro de uma perspectiva progressista e construtivista deve se esforçar para problematizar a realidade de seus alunos. O grande objetivo deve ser romper com o modelo de educação bancária, criticado pelo educador Paulo Freire, o qual buscou demonstrar como esse tipo de educação, que vê o aluno como uma tábula rasa, serve apenas à alienação e à conservação da ordem social.

Partindo dessas ideias, é dever do professor analisar o material didático que lhe cai em mãos. Ver quais são os objetivos de um material didático é buscar analisar a qual visão de mundo e perspectiva de sociedade este se associa; é procurar desenvolver nos alunos a competência crítica que fará com que se desenvolvam como cidadãos, ou seja, como indivíduos em seu meio social, rompendo com os esquemas preelaborados e os papéis predefinidos, afastando-os de uma visão fatalista sobre a sua realidade social; é buscar demonstrar que essa realidade não é imutável, mas que está ligada a escolhas feitas pela própria sociedade e pelos homens em suas interações cotidianas.

Assim, nenhum professor que desenvolva trabalhos sobre os temas das ciências Sociais pode tomar os fenômenos sociais como dados e prontos. Seu dever é questionar, é levar os alunos a perguntarem: Por que a realidade social é como é? A quais interesses responde esta ordem? Quem tem vantagens e quem sofre com essa forma de organização social?

No decorrer do processo histórico, as formas de se ministrar ou produzir conhecimentos dentro da área das ciências humanas sofreram grandes alterações. É necessário que o professor reconheça isso e que procure ter uma ideia, mesmo que não aprofundada, de quais são as principais vertentes que moldam a produção do conhecimento social, pois certamente ele se associa a uma delas, mesmo que inconscientemente, e isso tem consequências diretas no trabalho que desenvolve com seus alunos.

(10.3)

A História e a Geografia

Por fazerem parte das ciências humanas, as disciplinas de História e Geografia sofrem os problemas anteriormente relatados. Todo pesquisador que produz conhecimentos nesses campos está ligado a uma perspectiva de sociedade. Logo, aqui também devemos agir de forma crítica ao interpretar os fenômenos que são analisados por essas duas ciências.

No que se refere à história, sua função dentro do ambiente escolar é a de mostrar aos alunos que as transformações ocorridas ao longo dos tempos levaram a mudanças na forma como a sociedade se organiza. Sabemos que nosso presente é fruto de ações do passado. A consciência de que o passado tem influência sobre a conjuntura do presente é de extrema importância para o desenvolvimento crítico dos alunos, pois, por conta disso, a realidade é desnaturalizada.

Desnaturalizar, em nosso entendimento, é ver a realidade como uma construção. É relativizar essa realidade, é mostrá-la como não sendo a única possível nem a única existente, pois, em outros meios, diferentes do nosso, seja no tempo, seja no espaço, a realidade social assumiu outras formas. De qualquer maneira, também é fruto das ações promovidas pelos homens dentro de seu meio social.

No que diz respeito à geografia, a ideia é a mesma. O espaço é uma construção social e a forma como se encontra organizado e distribuído expressa esse caráter. Um rápido passeio por qualquer cidade demonstra que as casas, as zonas de comércio, os bairros ricos, as favelas são resultados de disputas dentro da sociedade. Ter essa consciência é entender a gênese da paisagem que nos rodeia. Nesse ponto, também podemos indicar que questões atuais (como o desmatamento, o aquecimento global e o avanço das periferias e das divisões sociais) fazem parte do nosso dia a dia, logo, cabe questioná-las.

O espaço está cheio de significados; é importante, pois, trabalhar no sentido de problematizá-los, porque, com certeza, todo educando possui uma compreensão, ainda que não sistematizada ou organizada de maneira formal, do modo como esses eventos influenciam a sua vida cotidiana.

(10.4)

Cultura local, saberes informais e construção da identidade

Como foi visto ao longo deste livro, nossa identidade é formada com base no meio em que vivemos. Somos o que somos porque vivemos em determinado tempo e em determinado espaço, o que nos oferece determinadas relações sociais. Em síntese, somos frutos de nosso meio e de nosso tempo.

Todavia, a cultura local e os saberes informais que nossos alunos trazem para a sala de aula, muitas vezes, são desqualificados em nome de uma cultura mais ampla, imposta pela sociedade e divulgada de forma massiva pelos meios de comunicação. É importante que o professor esteja atento a essas questões, pois a cultura que predomina em uma sociedade é, via de regra, a cultura das classes dominantes.

Dar atenção à cultura local e à cultura popular não significa voltar-se para uma cultura menor, pois muitos dos elementos que formam a chamada *alta cultura* tiveram sua origem em manifestações populares, sejam elas artísticas, sejam de resistência. Buscar a origem das manifestações culturais é também buscar a origem dos conhecimentos que hoje se encontram formalizados dentro de algum dos campos da ciência. Partir daquilo que determinada manifestação ou saber significava, na época de seu surgimento, é dar significado a esses conhecimentos significados; é mostrar que eles vieram para responder questões que estavam presentes no cotidiano da sociedade.

Assim, reafirmamos a noção da importância da utilização dos saberes informais trazidos pelos alunos para a escola. Como nos dizia Freire (1987), os homens não aprendem sozinhos e ninguém é capaz de ensinar ninguém, aprendemos em comunhão. Essa deve ser uma das diretrizes seguidas por qualquer educador nas etapas iniciais da educação.

Conhecer a cultura local e trabalhar seus temas com nossos educandos é dar-lhes possibilidade para que compreendam sua cultura e sua identidade social. É com base na formação de uma identidade social que a criança percebe sua posição dentro do mundo e, com isso, desenvolve e percebe os laços que a ligam à sociedade, os quais são responsáveis por fornecer coesão social.

Aquilo que durante nossa discussão chamamos de *metodologia da situação-problema* é um bom caminho, pois é com base nos problemas que se colocam no cotidiano dos alunos, os quais lhes são visíveis e concretos, que eles vão desenvolvendo a curiosidade e motivando-se para solucionar essas questões. Segundo Hengemühle (2004), a busca de alternativas para a solução das questões cotidianas força-os a buscar nos conhecimentos teóricos os elementos necessários para operar sobre a sua realidade.

A construção da identidade passa por essas questões. Saber quem somos e saber qual o nosso papel dentro do quadro social passa pela compreensão do funcionamento de nossa sociedade, a qual está ligada, de maneira mais ampla, à sociedade, que é composta por relações complexas e que direta ou indiretamente afetam nossa vida cotidiana.

(10.5)

Um último ponto: a avaliação

O último ponto que pretendemos destacar se refere à avaliação. Pois bem, se até este momento consideramos que é necessário romper com uma educação que incentive apenas o acúmulo de conhecimentos, descontextualizados, fragmentados e sem relação com o nosso cotidiano, entendemos também que é preciso romper com a avaliação tradicional.

A avaliação tradicional, a qual visa saber apenas quanto cada educando acumulou de determinado conteúdo desenvolvido em sala de aula, tem sido um forte fator de exclusão nas escolas por todo o país. Esse modelo precisa ser ultrapassado, caso haja intenção de promover uma educação libertadora, capaz de tornar nossos alunos sujeitos críticos e ativos no meio social em que vivem.

Com base nisso, acreditamos que a avaliação deve buscar perceber a capacidade dos alunos em relacionar os elementos que são desenvolvidos nas atividades de sala de aula com a vida cotidiana, em lugar de buscar que os alunos apresentem respostas retóricas – as quais nós, como professores, já conhecemos e prevemos de antemão que são as corretas –, devemos fazer com que eles mostrem as relações que conseguiram elaborar. Mostrem, em outras palavras, como criticamente assimilaram os conteúdos, ou seja, devemos buscar perceber qual o exercício mental executado pelos alunos para responderem às questões colocadas pelo professor como problemas a serem analisados em sala de aula.

O foco, nesse sentido, não é buscar uma resposta clara e pronta, mas sim perceber como e por meio de quais relações os alunos desenvolveram seu conhecimento. Não existe uma resposta certa ou errada, o que existe são formas diferentes de se abordar um problema, sendo que a tarefa do professor não é determinar uma resposta certa, mas sim oferecer caminhos para que os educandos criem suas próprias alternativas de solução para os problemas que se apresentam para eles.

A imposição de uma resposta certa se caracteriza pela manutenção de determinado tipo de saber, pela manutenção de uma sociedade que foi formada por meio das disputas entre os grupos sociais. Se assim procedermos, ao avaliarmos nossos alunos, estaremos apenas ajudando na reprodução dessas disputas de forma acrítica. Contudo, desnaturalizar essa realidade que é dada deve ser, nas etapas iniciais da escolarização, o principal objetivo de qualquer educador.

Por isso, é necessário haver regras claras no processo avaliativo. Dizer o que pretende-se desenvolver e escutar atentamente aquilo que os alunos falam são competências que devem fazer parte da formação de todo educador. É com base no que os educandos trazem a respeito de seus problemas cotidianos, que podemos organizar nosso trabalho de forma mais coerente e significativa, fazendo com que os conteúdos desenvolvidos pela escola, principalmente no que se refere aos temas trabalhados pelas ciências humanas, apresentem significados efetivos e que, de fato, desempenhem sua função no ambiente escolar, que, em nossa opinião, pode ser sintetizada na seguinte premissa:

> *Compreender a sociedade com base em suas múltiplas relações, tanto entre os homens e os grupos (ou classes) sociais como também entre a sociedade e a natureza. Trata-se de perceber como a realidade social é construída mediante a interação com o meio e como as disputas pela afirmação de representações dos próprios grupos que a compõem estão em jogo no dia a dia e na construção da realidade que por nós é vivenciada.*

Atividades

1. De maneira geral, as ciências humanas procuram compreender:
   a. as relações econômicas estruturais que afetam a sociedade.
   b. apenas as relações que se dão entre a sociedade e a natureza.
   c. as relações econômicas e políticas que se estruturaram ao longo do tempo e no espaço.
   d. as relações entre os homens, em sociedade, e a forma como a(s) sociedade(s) veio(vieram) sendo construída(s) ao longo do tempo e nos diferentes espaços.

2. A forma pela qual construímos conhecimentos a respeito das ciências humanas:
   a. ocorre na escola, pois apenas o saber institucionalizado é capaz de transmitir as noções complexas que são trabalhadas dentro do campo das humanidades.
   b. se dá diariamente, pois, a todo momento, estamos desenvolvendo esse tipo de conhecimento, com base

nas interações que temos com o nosso meio, sendo que, na escola, esses conhecimentos são sistematizados e as especificidades de cada área são trabalhadas.

c. ocorre por meio da leitura dos manuais de sociologia, história, geografia e economia, pois contêm todos os conhecimentos possíveis a respeito dessas ciências.

d. ocorre na escola e nos cursos universitários voltados para essas áreas, nos quais os professores especializados possuem a capacidade de transmitir todos os conhecimentos existentes a respeito dos temas tratados por essas ciências.

3. Nas questões referentes à avaliação, dentro do campo das ciências humanas, seria correto afirmar que o professor deve buscar:

a. que o aluno forneça a resposta correta, ou seja, aquela que é a única possível de acordo com o conteúdo específico que foi desenvolvido.

b. perceber a capacidade do aluno em relacionar os elementos que são desenvolvidos nas atividades de sala de aula com os da sua vida cotidiana, ou seja, perceber como o aluno constrói o conhecimento em relação às suas questões diárias, e não fornecer a ele uma resposta pronta e correta.

c. a imposição de uma resposta certa, o que caracteriza a manutenção de determinado tipo de saber, procurando, com base nisso, a manutenção da sociedade.

d. avaliar no aluno a sua capacidade para decorar fatos históricos e características que se apresentam nos fenômenos geográficos.

Considerações finais

Ao longo de nossa discussão, procuramos destacar algumas das principais questões que se fazem presentes quando conteúdos ligados às ciências humanas são desenvolvidos na educação infantil e nas séries iniciais do ensino fundamental. Obviamente, nenhum dos temas aqui abordados foi esgotado, o que talvez requeresse um trabalho muito mais amplo e, quem sabe, impossível de ser feito.

Todavia, acreditamos que este material terá grande valia para aquele professor que não será um especialista na área das ciências humanas, mas que desenvolverá suas atividades profissionais com alunos das primeiras etapas do processo de escolarização. Nesse sentido, é fundamental que esse educador tenha ao menos um suporte teórico e metodológico sobre esse campo do conhecimento, pois é nessas etapas que a criança constrói o instrumental necessário para viver em sociedade. Em suma, trabalhar com as ciências humanas e suas múltiplas questões representa mostrar caminhos para que nossos alunos construam sua cidadania.

Referências

ANTUNES, A. do R.; MENANDRO, H. F.; PAGANELLI, T. I. Como se constroem as relações espaciais: é necessário vencer etapas. *Revista do Professor*, Porto Alegre, n. 9, jan./mar. 1987a.

_____. *Estudos Sociais*: teoria e prática. Rio de Janeiro: ACESS, 1993.

_____. Representando o mundo a criança utilize o mapa: construir é necessário para usá-lo bem. *Revista do Professor*, Porto Alegre, n. 10, abr./jun. 1987b.

AZAMBUJA, L. D. A construção social do conhecimento na geografia escolar. *Espaços da Escola*, Ijuí, n. 47, jan./mar. 1987.

BECKER, F. *A epistemologia do professor*: o cotidiano da escola. 4. ed. Petrópolis: Vozes, 1996.

BITTENCOURT, C. (Org.). *O saber histórico na sala de aula*. São Paulo: Contexto, 1998. (Coleção Repensando o Ensino).

BORGES, C. J. *Educação Física para a pré-escola*. 5. ed. Rio de Janeiro: Sprint, 1987.

BOURDIEU, P. *Contrafogos 2*: por um movimento social europeu. Rio de Janeiro: J. Zahar, 2001.

_____. *O poder simbólico*. Rio de Janeiro: J. Zahar, 2000.

BOURDIEU, P.; PASSERON, J. C. *A reprodução*: elementos para uma teoria do sistema de ensino. Rio de Janeiro: F. Alves, 1975.

BRASIL. Ministério da Educação. Conselho Nacional de Educação. *Parecer CNE/CP 009/2001*. Diretrizes Curriculares Nacionais para a Formação de Professores da Educação Básica, em Nível Superior, Curso de Licenciatura, de Graduação Plena. Brasília, 2001. Disponível em: <http://www.confef.org.br/extra/juris/mostra_lei.asp?ID=10>. Acesso em: 29 jul. 2008.

BRASIL. Ministério da Educação. Secretaria de Educação Fundamental. *Parâmetros Curriculares Nacionais*: História, Geografia. Brasília: MEC/SEF, 1997.

CALLAI, H. C. Estudo do lugar e pesquisa como princípio da aprendizagem. *Espaços da Escola*, Ijuí, v. 31, n. 47, p. 43-52, jan./mar. 1999.

CASTROGIOVANNI, A. C. (Org.). *Ensino de Geografia*: práticas e textualizações no cotidiano. 2. ed. Porto Alegre: Mediação, 2002.

_____. O misterioso mundo que os mapas escondem. *Cadernos do Aplicação*, Porto Alegre, v. 8, n. 2, jul./dez. 1995.

CASTROGIOVANNI, A. C.; FISCHER, B. T. D. E se não houvesse Estudos Sociais nas séries iniciais. *Educação e Realidade*, Porto Alegre, n. 14, p. 81-88, jan./jun. 1989.

CÍCERO, M. T. *Da república*: filosofia. São Paulo: Nova Cultural, 1988. (Coleção Os Pensadores).

CORCUFF, P. *As novas sociologias*: construções da realidade social. Bauru: Edusc, 2001.

DAYRELL, J. A escola como espaço sócio-cultural. In: DAYRELL, J. (Org.). *Múltiplos olhares sobre educação e cultura*. Belo Horizonte: UFMG, 1996.

DEMO, P. *Educar pela pesquisa*. Campinas: Autores Associados, 1996.

DOWNS, R. B. *Livros que revolucionaram o mundo*: Albert Einstein – Relatividade, Teorias Especial e Geral. Porto Alegre: Globo, 1997.

FALCON, F. Identidades do historiador. *Revista Estudos Históricos*, Rio de Janeiro, v. 9, n. 17, p. 79-81, 1996.

FREIRE, P. *Educação e mudança*. 10. ed. Rio de Janeiro: Paz e Terra, 1985.

_____. *Pedagogia do oprimido*. 17. ed. Rio de Janeiro: Paz e Terra, 1987.

GINZBURG, C. *O queijo e os vermes*: o cotidiano e as ideias de um moleiro perseguido pela Inquisição. São Paulo: Companhia das Letras, 2006.

GUARESCHI, P. *Sociologia crítica*: alternativas de mudanças. 11. ed. Porto Alegre: Edições Mundo Jovem, 1986.

HENGEMÜHLE, A. *Gestão de ensino e práticas pedagógicas*. Petrópolis: Vozes, 2004.

HOBSBAWM, E. *Sobre História*: ensaios. São Paulo: Companhia das Letras, 2002.

HOLLOWAY, G. E. T. *Concepción de la geometría en el niño segun Piaget*. Buenos Aires: Editorial Paidos, 1969.

HUERGA, S. M. R. O livro didático e seu uso apropriado: aplicação na área dos Estudos Sociais. *Revista do Professor*, Porto Alegre, n. 3, jul./set. 1985.

KAERCHER, N. A. *Geografia em sala de aula*: práticas e reflexões. Porto Alegre: UFRGS, 2003.

KHON, N. B. P. O estudo das cidades nas aulas de Geografia do ensino fundamental: um jogo que constrói cidadãos. *Espaços da Escola*. Ijuí, n. 47, jan./mar. 1987.

KOSÍK, K. *Dialética do concreto*. 7. ed. Rio de Janeiro: Paz e Terra, 2002.

MARX, K.; ENGELS, F. *A ideologia alemã*: Feurbach – contraposição entre as cosmovisões materialista e idealista. São Paulo: Martin Claret, 2004.

MORAES, A. C. Epistemologia e geografia. *Revista Orientação*, São Paulo, n. 6, nov. 1985.

MOREIRA, R. *O que é geografia*. 4. ed. São Paulo: Brasiliense, 1985. (Coleção Primeiros Passos).

NIDELCOFF, M. T. *A escola e a compreensão da realidade*: ensaio sobre a metodologia das ciências sociais. 22. ed. São Paulo: Brasiliense, 1995.

_____. *Uma escola para o povo*. 24. ed. São Paulo: Brasiliense, 1985.

NIETZSCHE, F. W. *Filosofia alemã*. 4. ed. São Paulo: Nova Cultural, 1987. (Coleção Os Pensadores).

_____. *Humano, demasiado humano*. São Paulo: Editorial Escala, 2006.

PAGANELLI, T.; ANTUNES, A. R.; SOIHET, R. A noção de espaço e de tempo: o mapa e o gráfico. *Revista Orientação*, São Paulo, n. 6, nov. 1985.

REGO, T. C. *Vygotsky*: uma perspectiva histórico-cultural da educação. 8. ed. Petrópolis: Vozes, 1999.

ROSSATO, D. M. S. A geografia que se faz é a geografia que se ensina. *Revista Orientação*, São Paulo, n. 6, nov. 1985.

SCHÄFFER, M.; BONETTI, R. V. F. Noção de espaço e tempo. In: CALLAI, H. C. et al. (Org.). *O ensino em Estudos Sociais*. 2. ed. Ijuí: Unijuí, 2002.

SCHÜTZ, L. S. História em sala de aula: reflexões. *Cadernos do Aplicação*, Porto Alegre, v. 8, n. 2, jul./dez. 1995.

SEFFNER, F. Teoria, metodologia e ensino de História. In: GUAZZELLI, C. (Org.). *Questões de teoria e metodologia da História*. Porto Alegre: Ed. da UFRGS, 2001.

SILVA, T. T. da. *Documentos de identidade*: uma introdução às teorias do currículo. 2. ed. Belo Horizonte: Autêntica, 1999.

VISENTINI, J. W. Geografia crítica e ensino. *Revista Orientação*, São Paulo, n. 6, nov. 1985.

WEBER, M. *A "objetividade" do conhecimento nas ciências Sociais*. São Paulo: Ática, 2006.

WIEVIORKA, M. *Em que mundo viveremos?* São Paulo: Perspectiva, 2006.

XAVIER, M. L.; DALLA ZEN, M. I. (Org.). *O ensino nas séries iniciais*: das concepções teóricas às metodológicas. 2. ed. Porto Alegre: Mediação, 1998.

YUS, R. *Educação integral*: uma educação holística para o século XXI. Porto Alegre: Artmed, 2002.

Gabarito

Capítulo 1
1. b
2. c
3. d

Capítulo 2
1. c
2. b
3. d

Capítulo 3
1. c
2. d
3. a

Capítulo 4
1. b
2. c
3. d

Capítulo 5
1. a
2. d
3. c

Capítulo 6
1. b
2. a
3. b

Capítulo 7
1. c
2. a
3. b

Capítulo 8
1. d
2. b
3. a

Capítulo 9
1. b
2. c
3. a

Capítulo 10
1. d
2. b
3. b

Os papéis utilizados neste livro, certificados por instituições ambientais competentes, são recicláveis, provenientes de fontes renováveis e, portanto, um meio responsável e natural de informação e conhecimento.

Impressão: Reproset
Fevereiro/2023